非一般的古文课

—|少年游|—

蔡朝阳◇著

中国出版集团

东方出版中心

方 图

四方图志·心安一隅

目　录

CONTENTS

说 "少年游"

梁启超是文体家，笔下带着电光火石，一篇《少年中国说》，汪洋恣肆，雷霆万钧，将少年中国英气勃发之状描绘殆尽，读来令人血脉偾张：

> 少年智则国智，少年富则国富……红日初升，其道大光。河出伏流，一泻汪洋。潜龙腾渊，鳞爪飞扬。乳虎啸谷，百兽震惶。鹰隼试翼，风尘翕张……

当然，梁启超这么写，自有用意。而他确实也指出了一个事实，那就是积重千载的古老中国，亦能有少年中国之气象。这是既矛盾又和谐的一个现象：一则古老的传统形成了我们的重负，二则少年中国呼之欲出。一个古老民族脱胎换骨，从此走向新生，庶几在此？

这是梁启超的美好愿望。

中国漫长的文学传统，竟也与此相似。文言文是一种非常独特的存在，这是古代的书面语言，距今已有上千年的历史，但令人惊异的是，其生命力至今不绝。它不是作为一种标本存在于博物馆，而是作为一种有机体，存在于我们的思想和生命中。

虽然文言文这种体式本身已经不再被当代人日常使用，但我们仍在这个伟大的语言和文学的传统之中；也就是说，文言文仍在我们的日常生活中活泼泼地存在着，构成我们的柴米油盐，承载我们每日的所思所想，激发我们面向未来的崭新创造。

既沉重，又轻盈；既曲折，又流畅；既古老，又年轻……这就是我们所热爱的古典文学的现代性。它是传统的，又是崭新的；它是年迈的，却又是青春的。它来源于古籍之中，却像水乳交融一般，存在于我们的日常生活里。这是多么值得赞叹的奇妙现象。

读古典文学，是为了成为更好的现代人。"周虽旧邦，其命维新。"（《诗经》）

此之谓"少年游"。

第一讲
庄周梦蝶

昔者庄周梦为胡蝶，栩栩然胡蝶也。自喻适志与，不知周也。俄然觉，则蘧蘧然周也。不知周之梦为胡蝶与？胡蝶之梦为周与？周与胡蝶则必有分矣。此之谓物化。

（《庄子·齐物论》选段）

"庄周梦蝶"，是《庄子》这本书里一个非常有名的寓言，传到如今，这四个字也成为现代汉语里常用的成语。

上面这篇选文的大意：从前，庄周（即庄子）梦见自己变成了一只蝴蝶，非常生动逼真的蝴蝶。他觉得这才是自己的志向，不知道自己原本是庄周。一会儿，梦醒了，庄周惊疑之间发觉自己还是庄周。是庄周做梦，梦见自己变成蝴蝶呢，还是蝴蝶做梦，梦见它变成庄周呢？庄周和蝴蝶，一定是有区别的，这个就叫作"物化"。

下面我们来说几个词。"栩栩然"就是逼真的样子。有一个词叫"栩栩如生"，也是这个意思。"喻"，这里是明白的意思。《论语》里有"君子喻于义，小人喻于利"的语句，这里面的"喻"，也是明白的意思。"俄然"是一会儿的意思，表示不长的时间。"觉"是醒来的意思。

这段话里，最难理解的就是"物化"这个词。一般而言，"物化"指的是外物和自我的转化，指的是物我合一的境界。你看，庄子和蝴蝶，是有区别的。庄子是庄子，蝴蝶是蝴蝶。但是这里产生了一个疑问：庄子不知道是自己变成了蝴蝶，还是蝴蝶变成了庄子。这就是物和我之间的区别不见了，物和我化而为一。

以上所说的只是大致意思，仅从字面上进行理解而已。但其实，"物化"在哲学上有很多解释，这是庄子的哲学里比较深刻的部分。还有人拿德国哲学家海德格尔的存在主义来跟这个"物化"相比较，加以阐发。也有人拿荣格的精神分析学说来分析庄子的这个梦，因为精神分析学派认为，梦是对现实自我的压抑所造成的本我的潜意识回归。所以"庄周梦蝶"这个故事里，一定有庄子的某种价值追求在里面。

当然，初读《庄子》，我们其实不需要理解得这么深刻。我认为，关于"庄周梦蝶"这个故事，我们只要从几个层面来理解就好了。

第一个层面，是审美的层面。大家想想：这个"庄周梦蝶"的故事，不是很美吗？究竟是庄周梦为蝴蝶，还是蝴蝶梦为庄周呢？人生短暂，我们是不是也经常觉得像一场梦呢？年轻的时候可能还不太明白，像阿老师这样，虽不觉间已到中年，但仍觉得童年历历在目，就像昨日重现一样。可是年华早就如流水一般逝去，你说这不是人生如梦吗？我们的人生，转瞬即逝，如雾亦如电，难道不是一场梦吗？

因此，李商隐的诗歌《锦瑟》里面有"庄生晓梦迷蝴蝶，望帝春心托杜鹃"两句，还有"此情可待成追忆，只是当时已惘然"两句。"庄生晓梦迷蝴蝶"，就化用了"庄周梦蝶"的故事，这就叫用典。"庄周梦蝶"这个典故，在后代经常被引用，用以表达一种扑朔迷离的感受。因此，李商隐才会在末一句说"惘然"。"惘然"，就是失意、精神恍惚的样子。我想，在我们年纪再大一点，有了这样"人生如梦"的阅历之后，就更理解庄子的蝴蝶之梦了。

第二个层面，就是哲学的层面。其实，这个"庄周梦蝶"的故事，提出的就是"我是谁"的问题。"我是谁"，这有疑问吗？"我"不就是庄子本人吗？可是，庄子又是谁呢？庄子被命名为庄子，那就是庄子；蝴蝶被命名为蝴蝶，那就是蝴蝶。那么，这两者之间有本质的区别吗？这就是物我之辩的深层哲学含义。

春秋战国时代，是一个前所未有的思想大爆炸的时代，是中国思想界光辉的日出时分，各路哲人分别从各自专攻的学术出发，来理解、解释宇宙人生的一些终极问题。庄子是其中特别深刻的一个。

此外，我们知道庄子一生热爱自由。这个"庄周梦蝶"的故事，也表达了庄子对自由的向往和追求。

我们知道，自由都是有代价的，生在这个尘世间，有各种各样的羁绊，要追求自由，谈何容易。比如，我们的肉身，就是我们的羁绊之一。小朋友们会感到奇怪：为什么我们的身体，就是我们的羁绊呢？这是"老庄"的观点之一。在《道德经》里，老子就说："吾所以有大患者，为吾有身，及吾无身，吾有何患？"这是什么意思呢？大致的意思："我最大的担心就是我有自己这个身体，如果我没有自己的身体，那么我还有什么可以担心的呢？"

以上还只是一个方面。另一方面，时间和空间，也是我们跟终极自由之间的限制。比如，我们想要获得空间瞬移的能力是很难的。我们不能从甲这个地方，立刻转移到乙这个地方，也就是我们不能实现瞬间移动。时间线的移动就更加无望了。我们不能自由地回到过去或者去到未来。这些都只能在科幻电影里实现。阿老师最喜欢时空穿越的电影，但那只是电影。在现实中，我们能做到吗？不过，在庄子的描写里，这是可以做到的。你看，只要通过做梦，庄子就变成蝴蝶了。

当然，蝴蝶也没有终极的自由，因为蝴蝶也是有肉身的。但相对于庄子本人，相对于我们生而为人的诸多不便，蝴蝶就显得自由多了。我们讲过楚国的大夫来请庄子去当大官，庄子宁可"曳尾涂中"，那是为了摆脱名缰利锁。这里呢，庄子索性变成了一只蝴蝶，这样，比起人这个个体来说，就自由多了。所以，庄子说"自喻适志与"，他认为："这才是我的志向啊，这才是自由自在啊。"

不久后，梦就醒了，庄子还是庄子，蝴蝶还是蝴蝶。但这个寓言里的深意，却阐释不尽，留待我们后人一再品鉴，流连不已。这就是庄子文字的魅力之所在。

第二讲
惠子相梁

惠子相梁，庄子往见之。或谓惠子曰："庄子来，欲代子相。"于是惠子恐，搜于国中三日三夜。

庄子往见之，曰："南方有鸟，其名为鹓鶵，子知之乎？夫鹓鶵发于南海而飞于北海，非梧桐不止，非练实不食，非醴泉不饮。于是鸱得腐鼠，鹓鶵过之，仰而视之曰：'吓！'今子欲以子之梁国而吓我邪？"

（《庄子·秋水》选段）

今天阿老师继续讲庄子和他的朋友惠子的故事。

之前阿老师讲过《濠梁之乐》这个故事，从中我们知道，惠子在世的时候，庄子与他总是拌嘴、论辩，互相看不上。当然，从我们后人的眼光来看，在人生境界方面，自然是庄子更胜一筹。今天要讲的这个故事就说明，这两人虽然在智力上旗鼓相当，但是在对荣华富贵的态度上，价值追求完全不一样。

话说，惠子在梁国当相国。梁国，就是魏国，因为都城在大梁（今河南开封），所以也被称为梁国。《孟子》中收录了孟子和梁国国君的几段对话。我们读过《孟子》，就一定知道梁国。惠子在梁国当相国，庄子前去见他。有人就跟惠子说："庄子来了，他想要取代你相国的职位。"于是惠子很害怕，在国内搜查了三天三夜，搜寻庄子的下落。

庄子直接就去见了惠子，跟他讲了一个故事：南方有一种鸟，叫作鹓鶵。你知道这种鸟吗？这个鹓鶵啊，从南海出发，飞到北海去。不是梧桐树，它不栖息；不是竹子的果实，它不吃；不是甘甜的泉水，它不喝。这个时候，有一只猫头鹰，得到了一只腐烂的老鼠，刚好鹓鶵从旁边飞过，猫头鹰抬起头，看着鹓鶵说："吓！""吓"字在这里要念成"hè"。为什么猫头鹰要说"吓"呢？"吓"就是哎呀的意思，表示怒斥，想赶对方走。因为，猫头鹰害怕鹓鶵抢它的腐鼠吃。庄子又跟惠子说道："你现在是想用梁国的相位，来向我喊叫，把我吓跑吗？""今子欲以子之梁国而吓我邪？"
就是这个意思。

鹓鶵是什么鸟？它非梧桐不栖息，非练实不食，非
醴泉不饮。于是，我们就明白了，这是一种类似凤凰的
鸟。什么是练实？根据《庄子》这本书的注释，练实就
是竹子的果实。醴泉就是甘美的泉水。你看，像凤凰一
样的鸟，那可能是一种神鸟，其境界多高，"非梧桐不
止，非练实不食，非醴泉不饮"。面对这样的神鸟，我
们只能表示：人间不值得。

而一只猫头鹰，以腐烂的老鼠为食。它刚好捡到一
只腐鼠，看到这样的神鸟飞过，就害怕神鸟来抢它的腐
鼠吃。

这里，最精彩的是感叹词"吓"。它表达的是心慌意
乱，又担心又害怕的情绪。我们知道，文言文长于铺陈排
比，而感叹词却不太多，但庄子在这里把感叹词用得出神
入化，实在太精彩了。猫头鹰全部的情绪，以及小肚鸡
肠、患得患失、斤斤计较的性格，都在这个"吓"字里。

而讲这个故事的人，也就是庄子，他自比为神鸟，
也颇有点自命不凡。但我们都服气，因为这里不但有庄
子的智慧，还有庄子的高风亮节。庄子不汲汲于功名利

禄，正是其豁达的人生境界的表现。

这个寓言实在太有意思了，所以自古以来，就被不断引用。我们讲过的《与山巨源绝交书》中，有"己嗜臭腐，养鸳雏以死鼠也"一句（"鸳雏"同"鹓鶵"），讲的就是庄子的这个寓言，也算是用典。这句话的意思："你自己喜欢发臭的腐烂的东西，就用死老鼠来养神鸟。"这里嵇康把山涛比作爱吃死老鼠的猫头鹰，在绝交书中这样骂山涛，虽看起来"文质彬彬"，但又是很难听的。你看，嵇康就是这样的人。

因此，读完《与山巨源绝交书》，我就很感慨：千万不要得罪文人。为什么？因为，得罪了文人，人家骂人不带脏字。一则，你确实很生气；二则，万一他写一篇流传千古的文章，你就钉在历史的耻辱柱上了。像山涛，我们一再为他"洗白"，可是，贪图功名利禄这个罪名，怕是洗不脱了，哪怕他最后帮助嵇康养育了孩子。

阿老师喜欢的一个唐朝诗人，叫作李商隐。李商隐也是一个特别喜欢庄子的人，他经常在自己的诗歌里引用庄子的故事，作为典故。上一讲，我们讲了李商隐的"庄生晓梦迷蝴蝶"一句。在这一讲中，庄子的这个寓言也被李商隐引用了。李商隐的《安定城楼》是这么写的：

迢递高城百尺楼，绿杨枝外尽汀洲。

贾生年少虚垂涕，王粲春来更远游。

永忆江湖归白发，欲回天地入扁舟。

不知腐鼠成滋味，猜意鹓雏竟未休。

在这首诗里，阿老师最喜欢"永忆江湖归白发，欲回天地入扁舟"这一句。这种境界，真是令人感慨。

我们读了这首诗，就会知道，诗歌的尾联，就是用了庄子的这个典故。那么它表达了什么呢？它表达的是李商隐的郁闷心情以及高尚的追求。写这首诗的时期，正是李商隐仕途不得志的时期，他就借用这个典故来抒发自己的情怀。

那是唐文宗开成三年（838），李商隐考中进士以后，参加吏部博学宏词科考试时，受到朋党势力的排斥，不幸落选，失意地回到泾原。正是春风徐徐、杨柳婆娑的季节，诗人登上泾原古城头——安定城楼，纵目远眺，写下这首七律遣怀。

你看，距今几千年的庄子，常常给予我们安慰。李白、李商隐、苏轼，也都曾从庄子那里得到安慰。中国人喜欢庄子，也是可以理解的。

第三讲
自相矛盾

楚人有鬻盾与矛者，誉之曰："吾盾之坚，物莫能陷也。"又誉其矛曰："吾矛之利，于物无不陷也。"或曰："以子之矛陷子之盾，何如？"其人弗能应也。

（《韩非子·难一》选段）

这是我们第一次讲《韩非子》，选的是大家非常熟悉的《自相矛盾》这个故事。

楚国有一个卖盾牌和长矛的人，他称赞自己的盾牌，说："我的盾牌很坚固，没有东西可以刺进去。"他又称赞自己的长矛，说："我的长矛很锋利，什么东西都可以刺穿。"有人就说："用你的长矛，来刺你的盾牌，那会怎么样？"这个人就回答不出来了。

有一个特别常用的成语——"自相矛盾"，就来自这个故事，形容人行事或言语前后不统一，也指不连贯的性格或心情，也可以用来比喻人的语言行动前后抵触、不相应和。

韩非子是一个特别会讲故事的人。现在流传的很多大家耳熟能详的寓言，都来自《韩非子》这本书，比如《郑人买履》《智子疑邻》《守株待兔》等。

韩非子是谁，为什么这么会讲故事呢？

韩非子是战国末期的人，是韩国的皇族宗室。战国时期的韩国，大约在现在的河南一带。韩国存在于公元前403年至公元前230年，属于先秦诸侯国，是战国七雄之一。我们之前讲过晋国，其实，韩、赵、魏三国都是从晋国分出来的。公元前453年，晋国的韩、赵、魏三家卿大夫打败智氏家族，瓜分晋地，史称晋阳之战。公元前403年，韩、赵、魏三家卿大夫得到周威烈王的承认，正式位列诸侯，韩国建立。

当时的韩国军队，骁勇善战，他们发明了一种武器，特别厉害，就是弩。"天下之强弓劲弩，皆自韩出"（《战国策》），据说，韩国的弩射程达六百步，能直接穿过人体。除此以外，韩国制造的剑也异常锋利，在冷兵器时代，这些先进的武器，保证了韩国的国家安全。

不过到了韩非子生活的年代，韩国短暂的强大已经一去不复返了。韩非子作为韩国的贵族后代，也无能为力。韩非子为了韩国的存亡，出使秦国，却被囚禁起来，最终被逼自杀。

韩非子出使秦国后，为什么会被囚禁呢？因为韩非子是韩国重要的智囊。而秦灭六国，统一天下，这个过程中，从地理位置而言，韩国首当其冲。作为韩国首要的智囊，韩非子的存在对秦国而言是不可容忍的，所以他非死不可。

史学宗师司马迁的《报任安书》中有"韩非囚秦，《说难》《孤愤》"一句。因为韩非子被囚禁在了秦国，才有《说难》和《孤愤》这两篇雄文的创作。这里也是司马迁借韩非子的命运和才华来自况。

在思想上，韩非子可以说是先秦法家思想的集大成者，他综合了商鞅、申不害等人的法家思想，写成了《孤愤》《五蠹》《内储说》《外储说》《说林》《说难》等文章，申明其治国方略。这些文章被后人收集、整理并编纂成《韩非子》。

　　韩非子是法家代表人物，要求按照法律来治理国家。在当时看来，这种思想还是很先进的。以韩非子、李斯等人为代表的法家思想，在中国古代思想史上，占有重要地位。中国古代一直都鼓吹儒学，科举考试考的也都是儒家经典，但有学者指出，古代中国的本质是"外儒内法"：表面上看着像儒家，讲仁政，讲德治，但政治制度的内在模式则是法家的，不讲仁政，讲严刑峻法。当然，这种观点也仅仅是一家之言而已。

　　韩非子要让自己的思想影响别人，就需要把自己的主张说给别人听，尤其是说服君主来采纳他的意见，这样，出众的口才就很重要。然而，遗憾的是，韩非子口吃，不善言谈。那可怎么办？还好，我们有文字，韩非子便把自己的主张写出来。因此，写作能力是很重要的，韩非子需要把文章写得生动，以便把自己的思想阐释清楚，同时打动读者，比如那些掌握了权柄的君主。

　　但我们知道，当时很多君主的文化及素质也有限。因为君位世袭，他们只要被立为继承人，按照继承权的顺位，自然成了君主，跟有没有好好读书、是否素质很高关系不大。在春秋战国时期，有很多君主都很不像样，闹了很多笑话。比如，有一个国君喜欢躲在皇宫的门后面，看到有大臣进来了，就拿皮弹弓打他。像这样的笑话不胜枚举。

总而言之，很多国君不是专业的知识分子，思想家们要把治国的深刻道理讲给他们听，怎么办呢？讲述者就只好讲故事。这就是《孟子》《韩非子》这样的书有这么多寓言故事的原因之一。除了这一讲的《自相矛盾》，还有《讳疾忌医》《滥竽充数》《老马识途》等，都出自《韩非子》一书。

这些生动的寓言故事，包含着深刻的道理。要是只讲道理，别人听不懂；要是编成寓言，其接受度就很高了，更容易被人理解。韩非子通过写作，将这些寓言的思想性和艺术性完美结合，给人们以智慧的启迪。因此，《韩非子》这本著作独树一帜，流传后世，其中很多故事都成为脍炙人口的成语典故，被人们广泛运用。这也是韩非子留下的宝贵财富。

我上小学和中学的时候，是在 20 世纪 80 年代。那时候出版业还不发达，因此那时我没什么书读。我找来找去，在亲朋好友家或者镇上的图书馆里，找到一些古籍，读不懂，就瞎读。我第一次囫囵吞枣地读古籍，大概就是在那个时间段。当时我断断续续读了一些朱熹的《四书章句集注》，后来念中文系，仗着这些早期阅读，于古典文学这个领域，居然一点也不怵。

　　《韩非子》的部分章节，我也是在那个时候初读的。而且，在当时的我看来，《韩非子》里的这些寓言，还是比较有趣味、比较好看的，比儒家单纯说教的经典有意思多了。

第四讲
苏秦刺股

　　说秦王书十上而说不行。黑貂之裘弊，黄金百斤尽，资用乏绝，去秦而归。嬴滕履跷，负书担囊，形容枯槁，面目犁黑，状有归色。归至家，妻不下纴，嫂不为炊，父母不与言。苏秦喟然叹曰："妻不以我为夫，嫂不以我为叔，父母不以我为子，是皆秦之罪也。"乃夜发书，陈箧数十，得太公《阴符》之谋，伏而诵之，简练以为揣摩。读书欲睡，引锥自刺其股，血流至足。曰："安有说人主不能出其金玉锦绣，取卿相之尊者乎？"期年，揣摩成，曰："此真可以说当世之君矣。"

《战国策》选段

今天我们来讲苏秦的故事，所选的文章出自《战国策》。

《战国策》是西汉刘向编订的国别体史书，原作者已经不可考，一般认为非一人之作。其资料大部分出于战国时代，包括策士的著作和史料的记载。原来的书名不确定，成书也并非一时，一般推测，它可能在秦统一以后才成书。刘向进行整理后，删去其中明显荒诞不经的内容，按照国别重新编排体例，定名为《战国策》。

这本书主要记述了上起公元前490年智伯灭范氏，下至公元前221年高渐离以筑击秦始皇，一共两百多年间战国时期纵横家的政治主张和策略；或者说，记录了战国时纵横家游说各国的活动和说辞，及其权谋斗争的故事，其中也展示了战国时期的历史特点和社会风貌。这部著作用词夸张，十分具有文学性，非常值得阅读。

我们所选的这段内容讲的是苏秦。此人早年投入鬼谷子门下，学习纵横之术，是战国时期最著名的纵横家之一。现在还流传着很多关于苏秦的故事，比如"悬梁刺股"；后代的中国武学中也有一招，叫"苏秦背剑"。

"悬梁刺股"这个成语其实讲了两个人的故事，一个是苏秦，他读书读到"锥刺股"。另一个是为读书而

"头悬梁"的孙敬，这个故事出自班固的《汉书》。

但事实上，阿老师对"悬梁刺股"这种做法是不太赞同的。阿老师主张的是兴趣。如果我们对某一种事物有浓厚的兴趣，自然不眠不休也会去学习，何用"悬梁刺股"？"刺股"中的"股"是大腿，不是屁股。古代汉语跟现代汉语是有区别的，同一个字，不同时代所指可能不一样。"股"是指大腿，而屁股在古代则叫作"尻"。

我觉得，学习某一样东西，如果我们心里不喜欢，那么你把大腿都刺破了，那也没用。这么做还容易得破伤风，所以并不值得学习。

但是，苏秦学习不是为了兴趣，是为了辅佐君王，求得功名利禄。对此，我们也可以理解。这种精神，在某些时候，我们还是要学习的，但不是学习这个具体的做法，因为身体是最重要的。

我们来解释一下这段文字。

苏秦劝说秦王的奏折多次呈上，而苏秦的主张仍未被采纳。黑貂皮大衣穿破了，百斤金属货币也用完了，钱财一点不剩，他只得离开秦国，返回家乡。苏秦缠着绑腿布，穿着草鞋，背着书箱，挑着行李，脸又瘦又黑，一脸羞愧之色。他回到家里，妻子不下织机，嫂子不去做饭，父母不与他说话。苏秦长叹道："妻子不把我当丈夫，嫂子不把我当小叔，父母不把我当儿子，这都是我的过错啊！"于是他半夜找书，摆开几十只书箱，找到了姜太公的兵书，埋头诵读，反复揣摩、研究、体会。读到昏昏欲睡时，他就拿针刺自己的大腿，鲜血一直流到脚跟。他自言自语："哪有去游说国君，而得不到金玉锦绣、卿相之尊的人呢？"满一年，学业有成，苏秦说："这下真的可以去游说当代国君了！"

但是苏秦也不是从此就顺风顺水，他还是一路碰壁，被周天子拒绝，被秦惠文王拒绝，被赵国国君驱逐，直到他来到燕国，就是现在的河北、北京一带。在滞留一年多后，他才被燕文侯召见。

苏秦先盛赞燕国"地方二千余里，带甲数十万"（《战国策》），物产丰饶，可谓天府之国。不过，燕国国家战略严重失误。他对燕文侯说道："秦之攻燕也，战于千里之外；赵之攻燕也，战于百里之内。夫不忧百里之患，而重千里之外，计无过于此者。"（《战国策》）大体意思是说，对燕国而言，外部最大的威胁，不是秦国，而是赵国！于是，苏秦建议："与赵从亲，天下为

一，则国必无患矣。"(《战国策》)

燕文侯赞同苏秦之说，给了苏秦车马和金帛，苏秦获得了人生第一次成功。接着，他代表燕王出使赵国。赵肃侯接见苏秦。苏秦指出：当今，山东六国莫强于赵，令秦畏惧的国家亦莫如赵。六国合力，并力攻秦，秦必破。赵国称霸，易如反掌！赵肃侯深受触动，也对苏秦描述的六国合纵抗秦、赵国称霸的愿景很感兴趣，于是重赐苏秦，"以约诸侯"(《战国策》)。

然后，苏秦又说服了韩国、魏国、齐国和楚国。

这其中还有一个故事可讲。苏秦将去游说楚王，路过洛阳，父母知道了这一消息，就收拾房屋，打扫街道，准备音乐，安排酒席，到三十里外的郊野去迎接。

妻子不敢正脸看他，侧着耳朵听他说话；嫂子在地上匍匐，一再跪拜谢罪。苏秦问嫂子："何前倨而后恭也？"这句话的意思："嫂子为什么过去那么趾高气扬，而现在又如此卑躬屈膝呢？"嫂子回答说："因为你地位尊贵，而且很有钱呀。"苏秦叹道："唉！贫穷的时候父母不把我当儿子，富贵的时候连亲戚也畏惧，人活在世上，权势地位和荣华富贵难道是可以忽视的吗？"

此中足见人情冷暖、世态炎凉。

《战国策》虽然说是史书，但是文字铺张扬厉，手法夸张，描写的事物就像作者亲眼所见一般。这就已经有了小说的某些特质了。因此就史料来看，《战国策》更像小说，而不是史书。后世的小说家们，也许能从中得到启发。

第五讲
萧史

萧史者，秦穆公时人也。善吹箫，能致孔雀白鹤于庭。穆公有女字弄玉，好之，公遂以女妻焉。日教弄玉作凤鸣，居数年，吹似凤声，凤凰来止其屋，公为作凤台，夫妇止其上，不下数年。一旦，皆随凤凰飞去。故秦人为作凤女祠于雍宫中，时有箫声而已。

（《列仙传》选段）

这是一个很好玩的故事。

有一个人，叫萧史，是秦穆公时代的人。他很会吹箫，箫声响起来，能让孔雀啊，白鹤啊，都停在他的院子里。秦穆公有个小女儿，名字叫弄玉，她很喜欢萧史，秦穆公就把她嫁给萧史做妻子。萧史每天教弄玉吹箫学凤凰的叫声，过了几年，弄玉吹出来的箫声，就真的像凤鸣之声了，以至于凤凰都被吸引来，停在他们的屋顶。秦穆公特别建造了一个凤凰台，萧史和弄玉住在凤凰台上，好几年没下来。有一天，他们都随凤凰飞走了，所以秦国人就在雍城（今陕西凤翔）宫殿建造了一座凤女祠。传说，他们乘凤凰飞走之后，经常有箫声在祠中响起。

这个故事里的女主人公叫弄玉，为什么叫弄玉呢？"弄"就是玩的意思。相传，有一次，有人向秦穆公献上璞玉，随从就把这块璞玉放在盘子里献上来，秦穆公的小女儿看到了，就很喜欢这块璞玉，把玩了很久。所以，她的名字就叫弄玉。

这个故事其实有很多版本，还有一个版本是这样的：春秋时期，秦穆公最喜欢的小女儿在周岁时抓周，唯独抓了别国进贡的一块碧玉，不舍得放下，于是秦穆公给她取名为弄玉。

秦穆公素来疼爱这个小女儿，还将她周岁时所抓宝玉打制成笙赐予她。弄玉长大以后，容貌出落得非常美丽，而且聪明无比，很擅长吹笙，还无师自通，技艺精湛，每每在凤凰台上吹碧玉笙，定能招来百鸟合鸣。秦穆公将其视为掌上明珠。他想为女儿召邻国王子为婿，将来女儿可做国君夫人。但弄玉不从，她自有主张，若对方不是懂音律的高手，她宁可不嫁。穆公珍爱女儿，只得依从她。

一个仲夏之夜，月华如水，弄玉在凤凰台上吹笙。一阵阵微风拂面而过，弄玉耳畔忽闻一阵优美轻柔的音乐。这乐声从天边远远传来，深沉凄婉，仿佛在召唤远方的亲人。弄玉又惊奇，又佩服。弄玉再吹笙时，这乐声竟应和着弄玉吹奏的节拍、曲调，吹起和音，好像合奏者就在呼吸相闻的咫尺之间。两支乐曲配合得水乳交融，衬托得弄玉的笙声更加细腻悦耳。

只有技艺如此高超的吹箫人，才是弄玉梦寐以求的夫君。秦穆公派人从百里外的太华山把吹箫者，也就是萧史，请上凤凰台。只见他少年英俊，气宇轩昂，举止潇洒，落落大方。萧史取出一支赤玉箫，在阳光照耀下，玉箫闪着赤红的光辉，耀眼夺目。他吹第一曲，天上就飘来阵阵清风；吹第二曲，彩云从四方聚合；吹到第三曲时，只见一双双丹顶白鹤在空中来回飞舞，一对对开屏的孔雀相伴栖息在树林之中，百鸟伴随箫声飞来，争相鸣叫。穆公、弄玉和群臣百姓都陶醉在这美妙的箫声之中。

萧史和弄玉彼此仰慕，便结成夫妻，他们相亲相爱，生活十分美满。

有一天，夫妻二人正在月下吹奏笙和箫，忽见天上飞来一龙一凤。那紫色的凤停在凤台左边，金色的龙盘在凤台右边。这一龙一凤舒颈、展翅，凤鸣龙吟显得亲切和善，仿佛在向他们召唤。弄玉带着碧玉笙乘上紫凤，萧史带着赤玉箫跨上金龙，一时间龙凤双双腾空而起，驾着祥云飞入浩瀚太空。至今，人们还能隐隐约约听见他们那凤鸣般悦耳动听的合音呢。

这个神奇的故事，来自一本神奇的书，叫《列仙传》。这本书的编者，一般认为是西汉的刘向，但也未必，尚有争议。不过刘向确实是一位大学者，他编订了很多古籍，包括我们讲过的《战国策》。

一看《列仙传》这个名字我们就知道，这是记载各类神仙的书。在中国古代，有很多关于神仙的传说。从三皇五帝到各种神仙人物，该书都有记载。

此外，《列仙传》讲述了很多与长生不老、变化方术相关的事情，还有一些修道成仙的方法，例如：

第一种是服食丹药。古代有些人会服食神果仙花、灵丹妙药，如黄帝时期的赤将子舆、秦穆公时的赤须子等，便是通过服食一些果实和药物得以成仙。我们都熟悉嫦娥奔月的传说，她之所以能飞到月宫里，也是因为吃了丹药。

第二种是服气养气。《列仙传》认为神仙是以气为形的，所以服气也被视为修养的方法。服气就是吐纳之法，这方面的代表人物是彭祖，他从夏代至商代末年，活了800多岁，他"常食桂芝，善导引行气"。

第三种是行善积德。但是，这个也许会比较难。因为积德行善，贵在坚持，而坚持是很不容易的。

不过，我们知道，以上都是神话传说，关于得道成仙的方法都是虚构的，是不科学的。在讲女娲造人这个故事的时候，我们提到，神话是当时的人们对世界的一种理解。他们没有科学思维，就用自己可以理解的方式去解释世界，这就是神话产生的原因之一。一直到了近代之后，人们相信科学，神仙鬼怪的传说才彻底成为传说。

因为萧史和弄玉的传说太美了，又是爱情又是成仙的，后代的人们很喜欢，在写作诗歌时，就经常写到这个故事，还特别创造了两个词牌名，来纪念这个故事。

一个词牌名叫"忆秦娥","秦娥"指的就是弄玉。最著名的词作，就是相传为李白写的那一首（《忆秦娥》）："箫声咽，秦娥梦断秦楼月。秦楼月，年年柳色，灞陵伤别……"

还有一个词牌名是晁补之专门制作的，叫"凤凰台上忆吹箫"。李清照也用过这个词牌名，在《凤凰台上忆吹箫》中，李清照写道："香冷金猊，被翻红浪，起来慵自梳头。任宝奁尘满，日上帘钩。生怕离怀别苦，多少事、欲说还休。新来瘦，非干病酒，不是悲秋……"

第六讲
诫子书

夫君子之行，静以修身，俭以养德。非淡泊无以明志，非宁静无以致远。夫学须静也，才须学也，非学无以广才，非志无以成学。淫慢则不能励精，险躁则不能治性。年与时驰，意与日去，遂成枯落，多不接世，悲守穷庐，将复何及！

（诸葛亮《诫子书》选段）

对诸葛亮这个人物，我们似乎很熟悉，但其实又很陌生。因为，我们熟悉的可能是小说《三国演义》里的诸葛亮，那个"多智而近妖"（《中国小说史略》）的人——这是鲁迅先生的评语，因为在《三国演义》里，诸葛亮神机妙算，言无不中，聪明得不像凡人。但是，

《三国演义》中的诸葛亮是小说中的人物，在历史事实的基础上有极大的虚构，跟历史上真实的诸葛亮还是有区别的。

阿老师办过一个读书会，和小朋友们一起读历史，在这个读书会里，大家有问题可以一起讨论。有个小朋友就说，他一直很好奇，诸葛亮和水泊梁山的吴用相比，哪一个更厉害些。两人都是足智多谋的军师，那么，两个军师，谁更厉害？

这当然是个好问题。但是这个问题里，其实还有个问题。吴用是《水浒传》里的人物，《水浒传》是小说，基本上是虚构的。而那个小朋友没有明确指出，诸葛亮是《三国志》里的诸葛亮，还是《三国演义》里的有很多虚构成分的诸葛亮。《三国志》记录的大部分是史实，而《三国演义》之所以叫"演义"，就是因为这里有很多虚构的成分。因此，我们读书需要厘清一些概念，历史是历史，小说是小说，不可混为一谈。

今天选的这篇文章的作者，是真实历史人物中的诸葛亮。诸葛亮（181—234），字孔明，号卧龙，琅琊阳都（今山东沂南）人，早年随叔父诸葛玄到荆州，诸葛玄死后，诸葛亮就在隆中隐居。

建安六年（201），刘备为曹操所败，投奔荆州刘表，同时积极联络当地的英杰。有一次，刘备见到了当时的名士司马徽，司马徽跟刘备说："大多数儒生都是见识浅陋的人，岂会了解当世的局势？能了解当世局势的俊杰，只有卧龙与凤雏，得此二人之一，即可平定天下。"这个"卧龙"就是诸葛亮，"凤雏"就是庞统。

建安十二年（207），徐庶又向刘备推荐了诸葛亮，刘备就亲自前往隆中拜会诸葛亮。他去了三次，前两次诸葛亮都不在家，第三次他才见到真人。这就是"三顾茅庐"的故事。与诸葛亮相见后，刘备把所有随从支走，跟诸葛亮促膝倾谈，商定了三分天下之大计。这则是著名的"隆中对"的故事。

这些故事，我们可以从《三国志》等史书里了解到。唐代杜甫在诗歌《八阵图》中用"功盖三分国，名成八阵图"，来夸赞诸葛亮的文治武功。

今天讲的《诫子书》，是诸葛亮流传后世的代表作之一。其实诸葛亮的名篇很多，其中最著名的就是《出师表》和《后出师表》，南宋诗人陆游誉之为"出师一表真名世，千载谁堪伯仲间"（《书愤五首·其一》）。

《诫子书》应该是诸葛亮临终前写给他儿子诸葛瞻的一封家书。我们用白话文把大意解释一遍。

有道德修养的人，依靠内心安静来修养身心，以俭朴、节约来培养自己高尚的品德。不恬静寡欲无法明确志向，不排除外来干扰无法达到远大目标。学习必须静心专一，而才干来自勤奋学习。如果不学习就无法增长自己的才干，不明确志向就不能在学习上获得成就。放荡不羁、消极怠慢就不能勉励心志、振作精神，冒险草率、急躁不安就不能修养性情。年华随时光流逝，意志随岁月磨灭，最终枯败零落，那些人大多不接触世事，不为社会所用，只能悲哀地守在自己穷困的破舍里，到时悔恨又怎么来得及？

这篇文章短小而隽永，讲了很多人生的道理。就我们目前来看，其中的很多语句还是至理名言。因此，你看，时代发展那么快，但是属于人性本身的部分，变化却那么少。千百年来，我们还是可以从古籍里得到人生的教益。

这则短文里几乎每一句都是名句。比如，"静以修身，俭以养德"，意为安静可以提高自己的修养，节俭可以培养自己的美德。在任何时代，铺张浪费都不是好习惯。

比如"非淡泊无以明志，非宁静无以致远"，这也是人生真谛。顺便说一句，因为这两句话说得实在太好了，于是用"致远"这两字做名字的男生也很多。阿老师教书多年，至少遇到过三个叫致远的人。元朝的散曲作家马致远，名字大概也是这样来的。

后代的读书人，写条幅挂在自家，或者送给别人，经常喜欢用这几句。我在一些朋友的家里，或者在书法展览里，经常看到这些内容的条幅。这也说明这篇文章流传之广。

关于诸葛亮，在今天他已经是一个神话般的人物了。但当我们把历史和小说分开，诸葛亮的形象反而更加接近真实。从历史事实看，他是一个勤勤恳恳、忠心耿耿的人。我们之前讲过李贽，就是明朝那个离经叛道的李贽，他曾写过一副对联："诸葛一生唯谨慎，吕端大事不糊涂。""谨慎"两个字，应该是对诸葛亮最确切的评价。

后代有很多人喜欢诸葛亮，崇敬诸葛亮，比如杜甫。杜甫有一首写诸葛亮的诗十分有名，就是《蜀相》：

丞相祠堂何处寻？锦官城外柏森森。

映阶碧草自春色，隔叶黄鹂空好音。

三顾频烦天下计，两朝开济老臣心。

出师未捷身先死，长使英雄泪满襟。

　　成都至今仍有武侯祠，因为诸葛亮死后被封为武侯，也被叫作"诸葛武侯"。武侯祠是当地热门景点，很久以前，我曾经去过那里，追寻诸葛亮和杜甫的足迹。我去的时候，是炎热的夏天，树荫与鸟鸣就像诗中写的那样，一直在我脑海萦绕。但之后我就没有去过了，希望将来还能有机会再去，并能再次品尝成都美味小吃。

第七讲
洛神赋

　　其形也，翩若惊鸿，婉若游龙。荣曜秋菊，华茂春松。髣髴兮若轻云之蔽月，飘飖兮若流风之回雪。远而望之，皎若太阳升朝霞；迫而察之，灼若芙蕖出渌波。秾纤得衷，修短合度。肩若削成，腰如束素。延颈秀项，皓质呈露。芳泽无加，铅华弗御。云髻峨峨，修眉联娟。丹唇外朗，皓齿内鲜。明眸善睐，靥辅承权。瑰姿艳逸，仪静体闲。柔情绰态，媚于语言。奇服旷世，骨像应图。披罗衣之璀璨兮，珥瑶碧之华琚。戴金翠之首饰，缀明珠以耀躯。践远游之文履，曳雾绡之轻裾。微幽兰之芳蔼兮，步踟蹰于山隅。

（曹植《洛神赋》选段）

阿老师讲过两次曹丕，这是第一次讲到曹植。很多人认为，曹植的才华在曹丕之上。当然，这是仁者见仁、智者见智的事。

关于曹植，最著名的当是七步成诗的故事。这个故事最早记载在《世说新语》里，其原文是这样的：

> 文帝尝令东阿王七步中作诗，不成者行大法。应声便为诗曰："煮豆持作羹，漉菽以为汁。萁在釜下然，豆在釜中泣。本自同根生，相煎何太急！"帝深有惭色。

文中的文帝就是曹丕。曹丕废掉了汉帝，改国号为魏，自称魏文帝，尊称曹操为魏武帝。因为曹植曾在世子之位的争夺战中与曹丕为敌，所以曹丕有些记恨曹植，对曹植严加防范。东阿王指的就是曹植。曹植38岁的时候被封为东阿王，死后也葬在了东阿这个地方。

曹植所作的七步诗，历来有不同版本。阿老师在小学时读的是简化版，只有四句：

> 煮豆燃豆萁，豆在釜中泣。
> 本是同根生，相煎何太急！

今天我们讲的《世说新语》版本，应该是更为确切的版本。《世说新语》的成书时间比较早，跟曹魏的时代比较接近。

后人据此就说曹植才华在其兄之上。我想，这也是一定的偏爱吧。曹丕的才华，我们已经领略过了，那篇《与吴质书》真是杰作，而且很有气度。我以为，两兄弟的文学才华，确实在伯仲之间；加上父亲曹操，那就是文学史上鼎鼎有名的"三曹"了。一家三位文学大家，也算是佳话了。

今天我们讲的《洛神赋》，是曹植的传世名作。曹植给这篇文章写了一个序，序中写道：

> 黄初三年，余朝京师，还济洛川。古人有言，斯水之神，名曰宓妃。感宋玉对楚王神女之事，遂作斯赋。

黄初是魏文帝曹丕年号，黄初三年即公元222年。这一年，曹植到京都朝觐，归途中经过洛水。洛水就是洛河。古人说，这条河的河神叫宓妃。曹植因有感于宋玉对楚王所说的神女之事，于是作了这篇赋。

我来解释一下选文。

她的身形，翩翩然好像惊飞的鸿雁，婉约得好像游动的蛟龙；容光焕发如秋日下的菊花，体态丰腴如春风中的青松。她时隐时现，像轻云笼月；浮动飘忽，似回风旋雪。远远地看她，皎洁如朝霞中升起的旭日；近处看她，鲜丽如绿波间绽开的新荷。她体态适中，高矮合度，肩窄如削，腰细如束，秀美修长的颈项露出白皙的皮肤。她既不施脂，也不敷粉，发髻高耸如云，长眉弯曲细长，红唇鲜润，牙齿洁白，一双闪亮的眼睛善于顾盼，两个甜甜的酒窝在颧骨之下。她姿态优雅妩媚，举止温文娴静，情态柔美和顺，言辞得体可人。洛神服饰奇艳绝世，风骨体貌与图上画的一样。她身披明丽的罗衣，佩戴着精美的佩玉，头戴金银翡翠首饰，缀以周身闪亮的明珠。她脚着饰有花纹的远游鞋，拖着薄雾般的裙裾，隐隐散发出幽兰的清香，在山边徘徊倘徉。

《洛神赋》辞藻华美，金句迭出，为历代传颂。比如"翩若惊鸿，婉若游龙""明眸善睐"等。这些珠玑般的文字，不仅被古人使用，还成为现代汉语的组成部分，被我们当代人使用。

像"翩若惊鸿，婉若游龙"两句，就被用来形容女子体态之优美；此外也有所延伸，被用来形容书法之美。比如，周洪亮主编的《璇玑辞》选用"翩若惊鸿，婉若游龙，荣曜秋菊，华茂春松。髣髴兮若轻云之蔽月，飘飘兮若流风之回雪"等句，来形容王羲之的书法之美。

"明眸善睐"，多用来形容女子眼睛明亮、顾盼生姿的样子。"眸"，就是眼睛；"睐"，就是看的意思。有一个词就叫"青睐"，形容喜欢或重视一个人，其实就是用黑色的眼珠正眼看人的意思。在古文中，"青"其实是黑色的意思。一头黑发，用文言文来表述就是"青丝"，如李白写过"朝如青丝暮成雪"（《将进酒》）。"青丝"可不是指用现代的染发技术，把头发染成青色。因此，我们读文言文，需要了解一些基础知识，最起码颜色要能分清。

曹植写这么长的一篇《洛神赋》，用意何在呢？是因为看见洛神，表达对洛神的景仰爱慕之情吗？其实未必。关于这篇赋的主题思想，历代有很多说法：一种是说为了纪念他爱慕的甄妃，一种是说象征着君臣大义，还有一种是说为了纪念他的亡妻崔氏。

但我们知道，作品大于其本身；一旦成为一个独立的作品，这个作品就会有自己独立的价值。我觉得，无论后人怎么看，只要能自圆其说就好了。

自从屈原之后，人们常用香草和美人表达自己的理想和追求。这自然是一种象征的手法，但这些意象，究竟象征着什么呢？这恐怕就需要读者去体会了。就像屈原的《九歌·湘夫人》，表面上看是一首情诗，但是很多研究者说，它表达的其实是屈原对君主的忠贞，希望君主明白他的忠心耿耿。

如果你不了解这些古人写诗作赋的门道，就会奇怪：这也行？但当你理解中国古代文学的一些常用手法之后，恐怕就会说："好吧，也许有一定的道理。"那么，曹植这篇《洛神赋》，名义上讲的是对洛神的思慕，事实上可能在表达对国君的忠诚，这并非一点道理也没有。毕竟，他们兄弟二人之前有过王位之争。那么，我们刚才讲的第二种主题，即君臣大义说，也就有可能了。

当然，不管怎么样，读者本人的真实感受才是最重要的。你即便仅仅觉得这篇文章辞赋华美，这也是一种不错的想法。毕竟，我们读古典文学，最重要的就是审美，去感受文学之美，获得美的享受，足矣。

第八讲
桃花源记

　　晋太元中，武陵人捕鱼为业。缘溪行，忘路之远近。忽逢桃花林，夹岸数百步，中无杂树，芳草鲜美，落英缤纷。渔人甚异之，复前行，欲穷其林。

　　林尽水源，便得一山，山有小口，仿佛若有光。便舍船，从口入。初极狭，才通人。复行数十步，豁然开朗。土地平旷，屋舍俨然，有良田、美池、桑竹之属。阡陌交通，鸡犬相闻。其中往来种作，男女衣着，悉如外人。黄发垂髫，并怡然自乐。

　　见渔人，乃大惊，问所从来。具答之。便要还家，设酒杀鸡作食。村中闻有此人，咸来问讯。自云先世避秦时乱，率妻子邑人来此绝境，不复出焉，遂与外人间隔。问今是何世，乃不知有汉，无论魏晋。此人一一为具言所闻，皆叹惋。余人各复延至其家，皆出酒食。停数日，辞去。此中人语云："不足为外人道也。"

既出，得其船，便扶向路，处处志之。及郡下，诣太守，说如此。太守即遣人随其往，寻向所志，遂迷，不复得路。

南阳刘子骥，高尚士也，闻之，欣然规往。未果，寻病终。后遂无问津者。

（陶渊明《桃花源记》

我们之前选文，涉及较长的文本，一般只讲片段。这样大家可以轻松阅读，如果喜欢这个片段，可以自行搜寻全文，了解有关内容。

这篇《桃花源记》则全文入选，为什么呢？因为这篇文章写得很好，在文学史上影响深远。

陶渊明这个人，很神奇。他一般写各种隐逸诗、田园诗，却突然宕开一笔，写了一篇虚构的《桃花源记》，读来令人击节再三，一唱三叹。而且，我们明明知道它是虚构的，读起来感觉却像真的一样。这是为什么呢？因为陶渊明的描述细致生动，情节曲折，对话逼真可信。这是很高超的文学笔法，也是值得我们学习的地方。

我们来讲一下这篇文章的大意。

晋朝太元年间，有一个武陵人，以捕鱼为业。有一次，他顺着溪流一路向上，忘了路程的远近；忽然遇见一片桃花林，在小溪的两岸，长达几百步，中间连一棵杂树也没有。

为什么要说"中无杂树"呢？显然，这是为了说明这片桃花林，是人工培植的。野生的原始树林，肯定不会只有桃树嘛。那么为什么一定要暗示这是人工培植的桃花林呢？这是为了埋下伏笔，接下来渔人的发现就不那么突兀了。

"芳草鲜美，落英缤纷。"

"芳"指的是野花。野花鲜艳，绿草如茵，桃花的花瓣落在地上，色彩缤纷。渔人觉得很奇怪，就又接着往前走，想要走完这片林子。

树林走完了，来到水的源头，渔人就看到一座山，山开了一个小口子，好像有光线透出来。他就舍弃了小船，从山口进去。起初，通道很狭窄，刚好可以通过一个人；再往前面走了几十步，就一下子开朗起来。土地平整旷远，房屋整整齐齐，有肥沃的田野、漂亮的水池，还有桑树和竹林。田间小路纵横交错，鸡鸣狗吠之声到处可以听到。这里的人们来来往往，种地干活儿，男男女女的衣服装饰都和外面的人一样。老人和小孩们都悠然自得，看起来很快乐。

看到这位渔人，大家都很惊讶，问他从哪里来。渔人一一作答。人们就邀请他到家里，杀了鸡，准备了酒宴，请渔人吃饭。村子里的人听说有这样一个人来了，都来询问究竟。

"便要还家"中的"要"字，是个通假字，同"邀请"的"邀"。"咸来问讯"中的"咸"是都的意思。

这里的人说，他们的先辈躲避秦朝时候的天下大乱，就带着妻子儿女和乡邻，来到这个与世隔绝的地方，不再外出。问起现在是什么时代，他们竟然不知道曾经有过汉朝，更不用说魏晋时代了。渔人一一向他们说出自己的见闻，这里的人都感叹惋惜。其他的人又都纷纷邀请渔人到他们家做客，置办酒席，请渔人享用。渔人待了好几天，才告辞离开。这里的人说："这里的情况不值得对外面人的说啊。"

出去之后，渔人找到了自己的小船，就按照原来的那条路离开，每一个地方都做了记号。到了郡里，他就去拜见太守，把这件事说了。太守派人跟着他前往，寻找之前所做的标记，没找到，就迷路了，没再找到原来的路。

南阳的刘子骥先生，是一个品德高尚的人士，听说了这件事，也很高兴地规划前往，没有实现，不久就病死了。后来，再也没有人来访求桃花源了。

这篇文章影响深远，首先在于其文本已经化入现代汉语里。很多句子、词语，我们现在还在用，要么是原来的意思，要么已经有了崭新的意义。比如"芳草鲜美，落英缤纷"这句，我们现在形容繁花落在地上，经常用"落英缤纷"这个词。"豁然开朗""鸡犬相闻""怡然自乐""无人问津"等，也都是现代汉语里常用的词语。我的朋友涂志刚写了一本书，书名《仿佛若有光》也是出自这篇文章。不过，这几个字已经超越了文本本身的意思，有了更为深远的意蕴。

中国古代战乱频仍，后人总结出中国古代历史就是一治一乱。相关研究数据显示，中国历史上没有打仗的年份寥寥无几。那么，普通的劳动人民怎么办？有人感慨，"宁为太平犬，不做乱世人"，他们梦想有一个与世隔绝的桃花源，可以享受和平宁静、丰衣足食的生活。陶渊明所处的时代，也是一个战乱频仍的年代，他描写了桃花源的理想情形，这是一个美好的梦想，也是当时人们真实的愿望。

《桃花源记》更深远的意义和价值，就在于创造了一个新词——"桃花源"，它表示人们想象中的理想境界。我们知道，人生短暂，人生艰难，人生有很多痛苦，人们总想要寻找某个拥有终极幸福的所在。因此，在国外的宗教里，就有了天堂的概念。而在中国，人们希望之中的天堂，就在人世间。这个桃花源，也就是人们渴望的人间天堂。这跟孔子的思想也是一脉相承的。孔子说："道不行，乘桴浮于海。"（《论语》）陶渊明则幻想出了这个与世隔绝的桃花源，作为其精神的寄托。

金庸有本小说叫《碧血剑》。小说结尾，明朝覆亡了，主人公袁承志干什么去了？他乘桴浮于海，去海外隐居了。这也是寻找桃花源的一个版本。

然而，在人世间，真的能够寻找到这个没有战争、没有痛苦、没有饥荒的桃花源吗？答案可能很残酷，很无情。所以，后代有诗人写道："感慨黄垆旧酒人，何处桃源可避秦。"（章鞴《梅竹山庄怀旧》）

因为，任何人都只能生活在他所处的那个当下，就像黑格尔说的："没有人能够真正超越他的时代，正如没有人能够超越他的皮肤。"

然而，即便如此，中国人还是将桃花源之梦写进了集体记忆之中，一再凭吊，一再回望。

第九讲
三峡

自三峡七百里中，两岸连山，略无阙处。重岩叠嶂，隐天蔽日，自非亭午夜分，不见曦月。

至于夏水襄陵，沿溯阻绝。或王命急宣，有时朝发白帝，暮到江陵，其间千二百里，虽乘奔御风，不以疾也。

春冬之时，则素湍绿潭，回清倒影，绝巘多生怪柏，悬泉瀑布，飞漱其间，清荣峻茂，良多趣味。

每至晴初霜旦，林寒涧肃，常有高猿长啸，属引凄异，空谷传响，哀转久绝。故渔者歌曰："巴东三峡巫峡长，猿鸣三声泪沾裳。"

（郦道元《水经注》选段）

郦道元这个人，在中国古代的文人中算得上独一无二。因为中国古代的文人多喜欢谈玄论道，大多数时候沉浸在书斋里，钻研书本，重视思想。而郦道元不同，他喜欢天文地理，喜欢到现场探索，他的足迹踏遍大半个华夏大地。在中国古代的文人里，郦道元代表着极为可贵的科学求真精神，他身上表现出来的田野考察的治学方法的萌芽，也很值得后人学习。这样起而行之，足迹遍天下，在实地考察的基础上有所著述的古代知识分子，少之又少。因此，像沈括、宋应星等具有科学开拓精神的知识分子，才显得弥足珍贵。

李约瑟在皇皇巨著《中国科学技术史》里，提出了一个命题，这就是著名的"李约瑟难题"：尽管中国古代对人类科技发展做出了很多重要贡献，为什么科学和工业革命没有在近代中国发生？

比如，我们中国人很早就知道利用水力来推动磨盘，但是我们依据的是经验，却不知道水力能推动磨盘的原理。这个动能转化的本质，是西方国家研究出来的。但是从郦道元、沈括、宋应星等人的身上，我们也能看到科学精神的朴素萌芽。这是很可贵的。

《水经注》，顾名思义就是对《水经》这部书的注解，但实际上又不完全是。《水经》虽说是三国时代已经成书的一本经典，但是，其记述并不完备，且有很多错误。此外，我们知道，《水经》是记录河流状况的，但河流的位置时常会变化，像黄河经常会改道，所以就导致原先的记载不确切。郦道元便用注解的方式，重新阐释。

在《水经注》之前，中国的地理书和神话书分不开。我们讲过的《山海经》，看书名人们会以为这是一本地理书。但是我们在读的时候却发现，全书都带有奇幻色彩。若说这是一本地理书，那真是云里雾里；若将其看成神话书，那就成立了。

但是《水经注》不然，《水经注》是一部真实的、描述翔实的地理书。《水经注》是中国第一部全面、系统的综合性地理著述。此书不仅开创了古代"写实地理学"的历史，而且在世界地理学发展史上也占有重要的地位。

郦道元反对"虚构地理学"，他在《水经注》序言中提出了自己的研究和工作方法，那就是重视野外考察。所以《水经注》一书中记载了郦道元在野外考察中取得的大量成果。他为了获得真实的地理信息，到过许多地方考察，足迹踏遍长城以南、秦岭以东的中原大地，积累了大量的实践经验和地理资料。

今天讲的这一篇《三峡》，历来被看成是《水经注》里的名篇。李白的名句"朝辞白帝彩云间，千里江陵一日还"（《早发白帝城》），就是从这篇文章里化用而来的。

我们来解释一下所选的段落。

从三峡开始的七百多里路途中，两岸都是相连的山，全然没有一处中断的地方。层层叠叠的山峰和岩石，遮住了天空，挡住了太阳。若不是在正午或半夜的时候，连太阳和月亮都看不见。

等到夏天水涨，江水漫上小山丘的时候，下行或上行的航道都被阻断，不能通航。有时候皇帝的命令要紧急传达，这时只要早晨从白帝城出发，傍晚就到了江陵，这中间有一千二百里，即使骑上飞奔的马，驾着疾风，也没有这么快。

等到春天和冬天的时候，就可以看见白色的急流、回旋的清波。碧绿的潭水倒映着各种景物的影子。极高的山峰上生长着许多奇形怪状的柏树，山峰之间有悬泉瀑布，在上面飞流冲荡。水清木茂，山高草密，趣味无穷。

到了秋天，每到初晴的时候或下霜的早晨，树林和山涧显出一片清凉和寂静，经常有高处的猿猴长啸，声音持续不断，非常凄凉怪异，空荡的山谷里传来猿叫的回声，悲哀婉转，很久才消失。所以三峡中渔民的歌谣唱道："巴东三峡巫峡长，猿鸣三声泪沾裳。"

你看，"朝发白帝，暮到江陵，其间千二百里，虽乘奔御风，不以疾也"，这句话，说的是不是李白诗歌的那个意境呢？

除了如实描写中国的地理，《水经注》里也包含着一篇篇文辞优美的写景散文。关于写山水之美的文章，我认为莫过于吴均的《与朱元思书》。但是郦道元这篇，竟然毫不逊色。全文寥寥一百五十余字，就把七百里三峡万千气象尽收笔底，写出了三峡的雄奇险拔、清幽秀丽的景色，山则连绵不断、遮天蔽日，水则有四季不同之风光。笔墨凝练，准确而又隽永。

在写这篇讲稿的时候，我立即回忆起了年轻时的两次三峡之行。长江，是我们的母亲河之一；三峡，就是中国的文化之路。有那么多诗人、文学家经过三峡，留下了那么璀璨的诗歌和文章。我们了解了三峡，就是了解了中国文化。阿老师第一次去三峡，是 1995 年夏天，那时候三峡大坝还没建，阿老师还是一个毛头小伙子，一个人从重庆朝天门码头上船，七天七夜，航行在三峡中。我觉得自己就像航行在中国伟大的文学史中。郦道元记述的三峡场景，在眼前浮现。但我印象最深的一个场景是黄昏时分，太阳下山了，江上已经不是很热了，我躺在轮船的甲板上，江风吹来。这个时候，一只巨大的老鹰，在天上盘旋、盘旋、盘旋，一直跟着轮船走。

　　这么多年过去了，当时的场景依然如在眼前。这就是阿老师喜欢三峡、热爱中国文化的证据。

第十讲
魏陈思王植

其源出于《国风》，骨气奇高，词采华茂，情兼雅怨，体被文质；粲溢今古，卓尔不群。嗟乎！陈思之于文章也，譬人伦之有周、孔，鳞羽之有龙凤，音乐之有琴笙，女工之有黼黻。俾尔怀铅吮墨者，抱篇章而景慕，映余辉以自烛。故孔氏之门如用诗，则公干升堂，思王入室，景阳、潘、陆，自可坐于廊庑之间矣。

（钟嵘《诗品》选段）

《诗品》，顾名思义就是谈论诗歌和诗人的一本著作。《诗品》跟《文心雕龙》都属于古代文论，只是《诗品》更加注重诗歌而已。《诗品》是古代第一部诗歌评论专著，后代又有了很多文人诗话，像《沧浪诗话》

《渔洋诗话》等。严格地说，王国维的《人间词话》，也属于这一类。

《诗品》的作者是钟嵘。钟嵘大约生于 468 年，卒于 518 年，是南朝文学批评家，魏晋名门"颍川钟氏"之后。他在齐代官至司徒行参军；进入梁代后，历任中军临川王行参军、西中郎将晋安王记室。梁武帝天监十二年（513）以后，钟嵘仿汉代"九品论人，七略裁士"的著作先例，写成诗歌评论专著《诗品》。《诗品》评论了从两汉到钟嵘所在的梁代共 122 位诗人，并将他们分为上、中、下三品。

我们今天选的片段，谈论的是曹植。"魏陈思王"，就是曹植最后的封号。太和六年（232），曹植改封陈王，同年去世，年仅 41 岁，谥号为"思"。后人就经常称他"陈王"或"陈思王"。李白诗歌《将进酒》中的"陈王昔时宴平乐，斗酒十千恣欢谑"，说的就是陈思王曹植。

南朝宋文学家谢灵运有"天下才有一石，曹子建独占八斗"（无名氏《释常谈》）的评价。这是对曹植的才华的赞誉。石是古代的容器单位，读作"dàn"，一石就是十斗（1 斗 =10 升）。后代有"才高八斗"的说法，这个成语最早就是用来形容曹植的。

但是在立嗣这件事上，曹操却没有选择曹植，而是将世子之位交给了曹丕。这是为什么呢？可能是因为曹植意气用事，恃才放旷，仗着父亲的宠爱，有时不免越界，这就不太适合成为君主了。

比如，建安十九年（214），曹操东征孙权，令曹植留守邺城（今河北临漳），并告诫他："当年我担任顿丘（今河南清丰西南）令的时候二十三岁，回想起那时候的所作所为，至今都不曾后悔。如今你也是二十三岁，怎能不奋发图强呢！"但是曹植并没有把父亲的话放在心上，常常任性而行，不注意约束自己，饮起酒来毫无节制，行事让曹操很是失望。

尤其是建安二十二年（217），他在曹操外出期间，借着酒兴私自坐着王室的车马，擅开王宫大门司马门，在只有帝王举行典礼才能行走的禁道上纵情驰骋，一直游乐到金门，把曹操的法令忘到了九霄云外。曹操大怒，处死了掌管司马门的公车令。从此曹操加重对诸侯的法规禁令，曹植也因此事而逐渐失去了曹操的信任和宠爱。

这一年，曹操立曹丕为世子。从此，曹植告别了昂扬奋发的人生阶段，陷入难以自拔的苦闷和浓浓的悲愁中。

但是，在文学上，曹植确实是非常了不起的。谢灵运称曹植"才高八斗"，钟嵘在《诗品》里也给予曹植很高的地位。我们逐句来看一下钟嵘的评价。

"其源出于《国风》。"

陈思王的文学源头，出自《诗经·国风》。我们知道，《诗经》分为风、雅、颂三个部分。其中，"风"就是《国风》，一般指的是西周初年至春秋中叶的地方民歌。历代以来，人们对《诗经》的评价都很高，"《诗》三百，一言以蔽之，曰'思无邪'"（《论语》）。《诗经》是中国灿烂文学史的一个伟大源头。所以，说曹植的文学创作源出于《诗经·国风》，这是很高的评价。

"骨气奇高，词采华茂，情兼雅怨，体被文质；粲溢今古，卓尔不群。"

曹植的诗歌，气度高雅奇妙，有骨力——后代称曹植那个时期的文学风格为"建安风骨"。文辞华丽，所表达的情感又雅致，又有怨慕。"体被文质"，大致就是说文章本身既华美又质朴，意近于"文质彬彬"。孔子在《论语》里说："质胜文则野，文胜质则史，文质彬彬，然后君子。""粲溢今古，卓尔不群"，是说曹植的文章光芒四射，映及古今，十分卓越，超群出众。

> "嗟乎！陈思之于文章也，譬人伦之有周、孔，鳞羽之有龙凤，音乐之有琴笙，女工之有黼黻。"

这里的意思是，曹植对于文坛来说，就像人类中的周公和孔子、动物中的龙凤、乐器里的琴和笙、女工中的黼黻。"黼黻"泛指礼服上所绣的华美花纹，需要很好的刺绣的技艺，才能将它做出来。

> "俾尔怀铅吮墨者，抱篇章而景慕，映余辉以自烛。"

这句话的意思是，那些"怀铅吮墨"的文人，手捧曹植的篇章，心里满怀敬仰，用他的不朽之作的光辉照亮自己。"怀铅吮墨"是什么意思呢？"怀铅"就是指带着铅粉笔，铅粉笔是用来修改文章的；"吮墨"就是指用嘴把毛笔的笔尖弄湿。"怀铅吮墨"这个词用来形容写作时构思的举动和神态。

> "故孔氏之门如用诗，则公干升堂，思王入室，景阳、潘、陆，自可坐于廊庑之间矣。"

这句话的意思是，如果孔子的门人用诗歌来衡量诗人高下的话，那么公干升堂，曹植入室，景阳、潘、陆这些人，自然就只能坐在走廊里了。这里提到的几个文人，公干指的是刘桢，景阳指的是张协，潘指的是潘岳，陆指的是陆机。具体一点就是说，张协、潘岳和陆机，只是入门而已，刘桢已经登堂，而曹植呢，已经进入内室了。

当然，这些都是钟嵘一个人的看法，有些我们觉得很有道理，有些我们不太同意。俗话说，"文无第一，武无第二"。意思是说，在文学上不能评判出谁是最好的，因为审美具有独特性。你的美酒佳肴，恰是别人的断肠毒药，这是有可能的。

不过，钟嵘的原则性还是蛮明确的，他有严格的标准。比如把审美放在第一位，论诗一般注重三点：一是论赋、比、兴。例如说阮籍的诗"言在耳目之内，情寄八荒之表"；说左思的诗"得讽谕之致"；说张华的诗"兴托不奇"。这些都是着眼于比兴寄托的。二是论风骨和词采。例如说曹植的诗"骨气奇高，词采华茂"；说刘桢的诗"真骨凌霜，高风跨俗，但气过其文，雕润恨少"；说张协的诗"雄于潘岳，靡于太冲""词采葱菁，音韵铿锵"。这些都是着眼于风骨和词采的。三是重视诗味。钟嵘认为，诗歌应该有诗味。但是究竟什么才是诗味，这又是比较主观的，我们很难给一个明确的标准。

　　总而言之，钟嵘的眼光独到，论诗论人，恰如其分，也为我们后代讨论诗歌提供了一种范式。

第十一讲
马说

世有伯乐，然后有千里马。千里马常有，而伯乐不常有。故虽有名马，祇辱于奴隶人之手，骈死于槽枥之间，不以千里称也。

马之千里者，一食或尽粟一石。食马者不知其能千里而食也。是马也，虽有千里之能，食不饱，力不足，才美不外见，且欲与常马等不可得，安求其能千里也？

策之不以其道，食之不能尽其材，鸣之而不能通其意，执策而临之，曰："天下无马！"呜呼！其真无马邪？其真不知马也！

(韩愈《马说》)

今天我们来讲韩愈的名文《马说》。这篇文章大约写于唐德宗贞元十一年（795）至十六年（800）间。这时候韩愈初登政坛，才华横溢，却不得重用。这篇文章，多多少少投射了他的情感和思想。

韩愈一生颇为跌宕起伏，其中郁郁不得志的时期很长。《马说》一文用了一个比喻，用伯乐相马的故事，来呼吁社会对人才的重视。传说中，天上管理马匹的神仙叫伯乐。在人间，人们把精于鉴别马匹优劣的人也称为伯乐。再后来，伯乐被引申为那些能够慧眼识珠发现人才，并能做到人尽其才、物尽其用的人。

"世有伯乐，然后有千里马。"这句话其实是反其意而用之，特地这么讲的，是为了强调伯乐的重要性。但事实上，众所周知，必须有千里马的存在，才会有伯乐的用武之地，这里有一个先后顺序。但是韩愈不这么看，他说，因为"千里马常有，而伯乐不常有"，所以，即使有名马，也只是在奴仆手里被辱没，和普通马一同死在马槽和围栏之间。人们并不知道这是千里马。这就强调了在没有伯乐的前提下，千里马可能产生的悲剧。

第二段中的"马之千里者"，是一个倒装句，指那些千里马。千里马吃一次，有时要吃一石的粟米。但是喂养马匹的人，不知道它是千里马，不能够按照千里马的食量来喂养它。

"尽粟一石"中的"石"字是一个多音字，在这里读作"dàn"。一石就相当于十斗。我们在上一讲中讲过，谢灵运说曹植才高八斗，前提是世界上全部的才华只有一石，曹子建一个人就占据了八斗。这是夸张地形容曹植有才华。

我们继续来讲《马说》。千里马吃不饱，力气不够，才能和长处不能发挥出来，想跟平常的马匹一样都做不到，又怎么能够要求它日行千里呢？

用马鞭驱赶它，却不按照培养千里马的方式；喂养它，却不能让它充分发挥才能；这匹马嘶鸣起来，却没有人能知晓它的意思。人们还拿着马鞭来到它面前，感慨地说："天下没有千里马啊！"唉！难道是真的没有千里马吗？恐怕是他们不能识得千里马吧！

我们来重点关注一下第三段中的"策之不以其道"。"策"就是马鞭，"策之"就是鞭打这匹马的意思。还记得我们曾讲过徐渭的文章《与马策之》吗？马策之是徐渭的一个学生。现在你知道"马策之"这个名字的来历了吧？这个名字可以理解为像用鞭子鞭打马一样鞭策他，让他更有出息。所以，起名字真的很有学问。

那么，我想问一个问题：为什么中国古代的读书人，总有一种怀才不遇的感受呢？

这篇《马说》，其实也包含着韩愈的怀才不遇之情，虽然没有明说，但我们确确实实可以感受到。不只是韩愈，任何时代，我们都可以找到这样或那样才华卓著的人，他们一个个都怀才不遇。从屈原开始，我们可以往下数一数。

李白怀才不遇，杜甫也是。宋代的辛弃疾、陆游同样是怀才不遇。辛弃疾想收复失地，但是朝廷不重用他。陆游是一位爱国主义诗人，他在诗歌里说："此生谁料，心在天山，身老沧州。"（《诉衷情》）

那陶渊明呢？他特立独行，隐逸于田园之间。但陶渊明究竟为什么要去归隐？答案肯定也是怀才不遇。

那么，为什么他们都怀才不遇呢？

其中一个原因是，在皇权专制时代，几乎所有读书人都只有一条路，就是入仕为官。在那种时代，读书人只有"学成文武艺，货与帝王家"，除此之外，并没有别的道路可走。

　　那就有一个疑问：读书人不可以去经商吗？实际上，古代的中国是一个等级社会，"士农工商"，读书人是士，处在最高的层级，商人是最低的层级，因此读书人怎么可能去经商呢？所以又有一句话："万般皆下品，唯有读书高。"读书人只有一个梦想，就是"朝为田舍郎，暮登天子堂"。读书人希望通过科举考试成为官员，在这之后，还要成为皇帝最信任的官员，这才会摆脱怀才不遇的境遇。可是，满朝文武百官，皇帝的近臣也就少数几个——像乾隆皇帝宠爱和珅，可和珅最后也倒台了——因此许多有才华的人都是怀才不遇。

　　幸好我们不是生活在那个时代。我们作为有知识的人，已经比韩愈那个时代的人有了更多的选择权。当然，前提是你是有知识的，自主学习的能力非常强，这样你在选择自己的生活方式上，就会有更多的空间、更多的可能性。

　　比如，阿老师就很喜欢那些开奶茶店或咖啡店的人，还有做私房手工蛋糕的人，他们用自己的创意和劳动养活自己，过上体面的、有尊严的生活。

　　做一位匠人也是不错的选择。我亲眼看着我家小区门口那位汽车修理师傅，从规模很小的个体户，扩展到有两个大车间的商户，时间只用了两年而已。为什么这么快？首先，他有专业技术。他有一次听了听我的汽车的发动机声音，就知道有什么问题。其次，他服务好。有一次我的汽车抛锚了，他下大雨来接我。这么做，也说明了他是一个极其敬业的人。

　　阿老师是一个做文字工作的人，最喜欢的事情就是写作。现在这个时代，你只要写得好，勤奋一点，也能有机会靠写作过上体面的生活，也有可能人尽其才，而不必像韩愈那样，去感叹没有伯乐。当然，靠写作为生，也不是没有苦恼，今天写罢一篇，一觉醒来，明天又得写新的，就像古希腊神话中那个推着石头上山的西西弗斯，不能停下来。但跟韩愈比起来，这已经算是甜蜜的烦恼了。这是因为：首先，写作是我真心喜欢的事；其次，韩愈虽然是文坛领袖，却没有得到应有的赏识，仍然怀才不遇，而我一直"怀才有遇"，得到了很多大朋友、小朋友的认同和喜欢，每一个喜欢我的人，都是我的伯乐。

第十二讲
蝜蝂传

蝜蝂者，善负小虫也。行遇物，辄持取，卬其首负之。背愈重，虽困剧不止也。其背甚涩，物积因不散，卒踬仆不能起。人或怜之，为去其负。苟能行，又持取如故。又好上高，极其力不已，至坠地死。今世之嗜取者，遇货不避，以厚其室，不知为己累也，唯恐其不积。及其怠而踬也，黜弃之，迁徙之，亦以病矣。苟能起，又不艾。日思高其位，大其禄，而贪取滋甚，以近于危坠，观前之死亡，不知戒。虽其形魁然大者也，其名人也，而智则小虫也。亦足哀夫！

（柳宗元《蝜蝂传》）

讲柳宗元，我们选了两篇文章（上一篇为《黔之驴》），他久负盛名的山水小品文，如《永州八记》之类的，一篇也没选，只选了两篇寓言。为什么？因为，那种寄情山水的散文，在历代文学里并不少见。历代都有写山水的文章，而且写山水就会寓情于景。中国文人一旦被贬官，就寄情山水。就这一方面，古代文人颇有相似性。柳宗元的寓言，却非常独特。

《蝜蝂传》是一个很好玩的故事，嘲讽那些禄蠹贪得无厌，最后自取灭亡，颇为入木三分。我先解释一下前半段。

蝜蝂这种虫子，是一种善于背东西的小虫子。它在路上爬，无论遇到什么东西，就拿起来，抬起头背着它们。它一路爬，一路捡，越背越重，即使很艰难，也不停下来。它的背很粗糙，所以东西堆在背上不会掉下来。最后，它就跌倒趴在地上起不来了。有人看见了，很可怜它，帮它拿掉背上的重物。但是一旦能走路了，它就又去拿别的东西了，就像过去一样。这种虫子啊，还喜欢爬到高处去，耗尽力气也不会停止，一直到最后，掉在地上摔死。

这就是蝜蝂的故事。关于这种虫子，我查过一些资料，很遗憾，《昆虫百科全书》没记录这种虫子。我去咨询某位昆虫学家，他跟我说，没听说过这种虫子。中国的古书《尔雅》上，有少许的记录，但是《尔雅》是一本训诂书，不是专门介绍昆虫的书，所以不能作为证据。另外的记录，就是柳宗元这篇《蜘蛸传》了。所以，我倾向于认为这个世界上没有"蜘蛸"这种虫子。估计它是柳宗元虚构的，不过虚构得很有意思。柳宗元用这种虫子的特点，嘲讽那些贪得无厌的人，这就是寓言。

既然是寓言，自然就有寓意。这个虫子，见到什么就捡起来，放到自己背上，占为己有，又喜欢爬到高处，要不把自己压死，要不把自己摔死，这就是咎由自取。或者，说得更严重一点，这是自作自受。

那么，这篇寓言的寓意究竟是什么呢？其实我们前面已经说过了，柳宗元是在讽刺那些贪得无厌的人，嘲讽那些贪恋高位的人。寓言的好处就在于，作者不必详细解释，读者就已经清晰地了解其表达的意思。但是柳宗元还要给我们解释一下。我们来看后半段的大意。

当世之人，嗜好攫取的，遇到财货完全不放过，动辄拿取，来使自己的家底变得更厚实，都不知道这会成为自己的累赘，只担心积累的财富不够多。等到他们受困了，时运不济，有的被罢官，有的被流放到边远地区，这也够痛苦的了。但如果还能被起用，他们又开始贪财，完全停不下来。他们每天想着的，就是让自己的官位再高一点，让自己的利禄钱财再多一点，更加贪心地敛财，因而面临着从高处摔下来的危险，看到前人由于极力求官贪财而自取灭亡，也不知引以为戒。虽然他们的外形看起来庞大，他们名义上是人，可是智慧却和蝜蝂小虫一样。这也太可悲了！

你看，柳宗元的寓言，看上去是在说一个虫子，其实是针对那些官场的禄蠹。什么叫禄蠹？就是窃取功名利禄的蛀虫，只知道升官发财，就像这个虫子一样。

虽然柳宗元写了这篇《蝜蝂传》，讽刺了那些利欲熏心的人，可是，贪婪之念植根在人的本性之中，帝王专制时代，有的人寒窗苦读多年，一旦当官，还是免不了要追求功名利禄。这不是一个人品德的问题，而是制度的问题。制度能塑造一个人。

比如说，宋朝有两兄弟，哥哥叫宋庠，是当朝宰相，弟弟叫宋祁，也是大官，还是著名词人。"红杏枝头春意闹"（《玉楼春》），就是宋祁的名句。两人住隔壁，宋庠廉洁自守，每晚于灯下默默读书。宋祁每晚笙歌不断，灯红酒绿。宋庠看不惯，就写了张纸条送给弟弟，大意是："亲爱的弟弟，你还记得我们年轻时勤奋读书，每天吃咸菜、喝粥的往事吗？"宋祁回信说："哥哥啊，你知道我们当时这么苦，每天吃咸菜、喝粥，究竟是为了什么吗？"

在帝王专制时代，很多人读书当官，不一定是有着为生民立命这样的理想，也可能只是为了个人的享受。当然，我们知道，历史上也有不追求功名利禄的清官，但总归是少数，比如宋庠、海瑞，等等。海瑞是真的清廉，但也清廉到近乎异常，完全不近人情。

而一个人如果要在当时那个制度里活下去，就不得不遵循这个潜规则。所以，黄仁宇在《万历十五年》中，用了那么多篇幅，就是在说一个道理，那就是用儒家的道德来治理国家往往流于虚伪。

而另一位当代学者吴思，他用了一个词，一下子就把帝王专制时代的官场秘诀给揭示出来了，那就是"潜规则"。表面上大家一起"子曰诗云"，一起"道德文章"，背地里却总是追名逐利，贪污腐败。

柳宗元尽管寓言写得很有趣，很吸引人，但是，能改变什么吗？我觉得，要改变什么，就要对人性本身的幽暗有一定的了解，从而用一种可靠的制度，来约束每个人，用法律制度，来把权力关进笼子里。这样，也许就不用再骂别人是蝜蝂了。

第十三讲
陋室铭

山不在高，有仙则名。水不在深，有龙则灵。斯是陋室，惟吾德馨。苔痕上阶绿，草色入帘青。谈笑有鸿儒，往来无白丁。可以调素琴，阅金经。无丝竹之乱耳，无案牍之劳形。南阳诸葛庐，西蜀子云亭。孔子云：何陋之有？

（刘禹锡《陋室铭》）

《陋室铭》太有名了，凡是读过一点古代文选的人，谁不知道刘禹锡的这篇文章呢？古文之有《陋室铭》，犹如古诗之有《静夜思》，脍炙人口。即便不知道全文，总也听说过"山不在高，有仙则名。水不在深，有龙则灵"这两句。

有的读书人，总喜欢在自己的书房挂一两个书法条幅，我见过直接在自己房间挂"斯是陋室"这四个字的。不过，我看到这四个字，往往心里有点小疙瘩。因为，这四个字表面上好像很谦虚，但其实我们往深处再想一想，它们是不是也有陋室主人的自鸣得意呢？这句后面四个字我们也知道——"惟吾德馨"。好，唯有你道德散发着馨香，只有你道德高，你真了不起。

以上只是博读者一笑。但这篇文章，盛名之下，也有被后人诟病之处。批评者说，作者好像境界很高，但其实相当在意，着了痕迹。"无丝竹之乱耳，无案牍之劳形"，看似否定丝竹与案牍，其背后还是相当在意的。鲁迅说："最高的轻蔑是无言，而且连眼珠也不转过去。"（《半夏小集》）所以，刘禹锡这篇文章被人说有点"端着"，似乎也有道理。

当然，刘禹锡在历史上的地位毋庸置疑，他是著名的文学家、诗人，被称为"诗豪"，流传至今的作品特别多，也特别经典，比如诗歌《乌衣巷》：

> 朱雀桥边野草花，乌衣巷口夕阳斜。
> 旧时王谢堂前燕，飞入寻常百姓家。

这首诗之所以经典，就在于后一联，"旧时王谢堂前燕，飞入寻常百姓家"，一经写出，就成了名言警句，流传至今。

《陋室铭》写于刘禹锡政治上不得志的时候，就是我们讲柳宗元《黔之驴》时讲到的"永贞革新"。"永贞革新"历时短暂，很快就遭到权贵的抵制。刘禹锡和柳宗元等人，都被看作革新派人物，都被贬了官，各自流放。柳宗元去了柳州，刘禹锡被贬到边远的州郡担任司马。司马，我们也知道，是一种很低级的官职。白居易也当过司马，所以在《琵琶行》里，有"江州司马青衫湿"这样的句子。

《陋室铭》写于这个时间内，当然是抒发刘禹锡自己的志向，表达志节操守的。我们先来解释一下。

山不在乎有多高，有仙人，就有名了；水不在乎有多深，有龙就灵验了。这是一间简陋的房子，只有主人的道德散发着馨香。青苔爬满了台阶，绿油油的；青草的颜色映入门帘，青青的一片。渊博的学者在这里谈笑，来来往往的人没有一个不是文化人。可以弹奏古雅素朴的古琴，可以阅读泥金书写的佛经。没有嘈杂的音乐扰乱心境，没有官府的公文使人劳累。就像南阳有诸葛亮隐居的茅庐，西蜀有扬雄隐居的子云亭。孔子说："有什么简陋的呢？"

铭，是古代刻在金属或者石头上的一种押韵的文体，一般用来纪念事物或者杰出的人物，也可以用来勉励自己。所以，我们如今有一种说法，就叫座右铭，将格言刻在座位的右边，用来勉励自己。有一个著名的故事，是关于鲁迅的：鲁迅迟到了，老师劝诫他下次早点到。鲁迅就在自己的座位上，刻了一个"早"字，这也算是一种座右铭吧。

当然刘禹锡这篇《陋室铭》写在他身处逆境之时，用这个文章来自勉，表达自己洁身自好的品质，也都是可取的。但是，因为历史的局限性，也因为刘禹锡个人自己的局限性，我们也从这篇文章里，看到了文人士大夫的自恃身份，用我们现在的话来讲，这篇著名的文章里，客观上呈现了读书人的一种自鸣得意。有一种鄙视链，文人士大夫，总觉得自己处在鄙视链的顶端。就像我们上次说的，文人知识分子，总有一种经由教化而得来的优越感："万般皆下品，唯有读书高。"这样，反而照见了自己的格局并不那么大。

当然，文章本身是很高明的，又对偶又押韵，有叮当作响之感，就像乐器在演奏一样。我们可以试试读出声音来，音韵铿锵，很悦耳动听。这就是汉语本身韵律的妙处，朗读都可以像音乐一样好听。

人们历来把这篇看作好文章，还颂扬刘禹锡洁身自好、不慕荣利、安贫乐道之类。

问题是，安贫乐道，需要说出来吗？为什么刘禹锡就不能把自己当作普通劳动者呢？为什么刘禹锡还是有旧时代士大夫的酸腐之气呢？我年轻无知的时候，也喜欢这篇文章。但是现在，我对这篇文章里那种自鸣得意，那种社会阶层的优越感，开始抱有一种警惕。

"山不在高，有仙则名。"

这句好像是表达出世之意的，但重点不在于"仙"，而在于"名"。知识分子可以不羡慕什么物质的享受，但是，这个"名"他们还是逃不掉的。文人爱名，这是自古而来的一个现实，所以有个词叫"名缰利锁"。现在，刘禹锡当不了大官，而被贬在偏远的州郡，没有荣华富贵，只好以清名自矜。

"谈笑有鸿儒，往来无白丁。"

白丁是什么？就是布衣，普通老百姓，没文化的人。这句对仗，把鸿儒和白丁对举，来衬托他虽然身居陋室，但是交往的人都还是文人学者，是大文学家。但这句还是会让人有点不舒服：白丁怎么了？旧时代的所谓白丁，不就是被这些统治集团剥夺了受教育权的人吗？他们本来就是受侮辱受损害的一类人，现在还要被笑话，被看不起，这不是双重伤害吗？

"可以调素琴，阅金经。无丝竹之乱耳，无案牍之劳形。"

这也是有点矛盾的。"丝竹"，指的是音乐，那你前面不是说可以"调素琴"吗？素琴不也属于丝竹吗？还有，"无案牍之劳形"，这也是自我安慰，当时，政治上得志时，再多案牍，恐怕也会很开心，因为皇恩浩荡，是不是？

不过呢，中国的传统知识分子，总是在出世和入世之间徘徊。我也很理解刘禹锡的这个矛盾的情绪，此一时也彼一时也。所以，尽管很多人对这篇文章颇有微词，但是，文章本身的文学性之高，还是大家的共识。今天我们所列举的不同观点，也只是一家之见而已。

第十四讲
李贺小传

长吉细瘦，通眉，长指爪。能苦吟疾书，最先为昌黎韩愈所知。所与游者，王参元、杨敬之、权璩、崔植为密。每旦日出与诸公游，未尝得题然后为诗，如他人思量牵合以及程限为意。恒从小奚奴，骑距驴，背一古破锦囊，遇有所得，即书投囊中。及暮归，太夫人使婢受囊，出之，见所书多，辄曰："是儿要当呕出心始已耳！"

（李商隐《李贺小传》选段）

李商隐给李贺写的小传，其实有四段，这里只节选了第二段。

《李贺小传》后面的部分，还写到李贺去世，这里有个故事：传说，天帝要召见李贺，就派了一个红衣使者来凡间，召李贺上天。这样，李贺就死了，年仅27岁。我们经常说一个成语，叫"天妒英才"，大概就是说李贺这样的人吧。

李商隐这篇小传，讲了李贺的很多轶事，就我们现在来看，也很有意思。从中也可以看出李商隐对李贺的尊敬和喜欢，因此下笔不凡，描绘了李贺的不同凡响，颇为传神。我们先来解释一下。

长吉，是李贺的字。李贺瘦瘦小小的，两条眉毛连在一起。"通眉"，就是两条眉毛连在一起的意思。"长指爪"，就是说手指头很细、很长。若在当下，孩子手指修长的，有些父母就会说："这孩子，可以学钢琴呢。"但是唐朝没有钢琴，李贺学写诗去了。

古人说，"异人必有异相"。这句话的意思是，不平凡的人，一定有不平凡的长相。这也许没有科学的论证，但古人十分相信这一点。李贺就是这样长指爪、通眉，生就一副天赋异禀的长相。

"能苦吟疾书"，就是说，李贺属于苦吟派，苦苦思索，但是写起来很快，奋笔疾书。最早了解他的人是韩愈。和他一起交游的人，有王参元、杨敬之、权璩、崔植等人，他们交往很密切。每天白天，李贺就和他们一起出游，从不先确立题目再如同他人那样凑合写成诗篇，而只是把作诗的规范放在心里。

他经常带一个小书童，骑着一头小毛驴，背着一个又破又旧的锦帛制作的袋子，若有心得，就写下来扔到囊中。等到晚上回家，他的母亲让婢女把诗稿拿出来看，看到写的诗稿比较多，就说："我的孩子啊，你是要把一颗心都吐出来才罢休啊。"

后人说，写作文很辛苦，以至到了呕心沥血的程度，其中的"呕心"，用的就是李贺的这个典故。

今天节选的这一段，基本上还比较符合事实，没有把李贺太过神化。后面的天帝派人来召见李贺，就是后人附会了，但这么写，也是为了侧面烘托李贺的才华之高。

阿老师是很喜欢李贺的，也很喜欢李商隐。一个我所喜欢的诗人，写另一个我所喜欢的诗人的生平，这就很有趣。

李贺生于公元790年，卒于公元816年。他其实是王室的后代，但是传到他父亲这一代，已经家道中落了，没什么家产。李贺去京城参加科举考试，还被阻挠了。因为他父亲名叫"晋肃",跟"进士"谐音,为了避讳,他就不能参加科举考试。我们现在会觉得很荒谬,但在封建社会,这是很常见的。封建思想里有古板、扼杀人性的地方,即使当时的文坛领袖韩愈为李贺仗义执言,他仍然不能参加科举考试。

这个避讳的事件,也成为李贺一生悲剧的起点。因为唐朝还是很注重科举的,科举出身的人,在官场才会被重用。李贺后来凭借着王室远亲血脉的关系,谋得了一个小官,但对李贺来说,这是完全不得志的,于是他把一腔悲愤,都写进了诗歌里。因此李贺的诗歌中,一直有一股挥散不去的郁闷。又因为诗歌选用的意象大多数奇异而古怪,带有森森然的鬼气,所以李贺被后人叫作"诗鬼"。

我们知道,在唐朝,有"诗仙",那是李白;有"诗圣",那是杜甫;有"诗佛",那是王维;有"诗豪",那是刘禹锡。现在还有一个"诗鬼",就是李贺。

李贺诗歌的独特之处,是别人写不出来的。比如他的想象极为丰富,而且金句迭出,我们现在还动不动就会引用到他的诗句。

例如,比较能代表李贺特色的《金铜仙人辞汉歌》:

> 茂陵刘郎秋风客，夜闻马嘶晓无迹。
> 画栏桂树悬秋香，三十六宫土花碧。
> 魏官牵车指千里，东关酸风射眸子。
> 空将汉月出宫门，忆君清泪如铅水。
> 衰兰送客咸阳道，天若有情天亦老。
> 携盘独出月荒凉，渭城已远波声小。

这是阿老师特别喜欢的一首诗，为什么呢？阿老师喜欢的是意象的奇诡。你看，"东关酸风射眸子""忆君清泪如铅水"这些诗句非常独特，寒风直射铜人的眼珠，眼泪像铅水一样，这样的诗句，大概就只有呕心沥血的李贺才写得出来。

"衰兰送客咸阳道，天若有情天亦老"这句是名句，在后世多次被引用。欧阳修引用过，贺铸引用过，元好问也引用过。

再如《南园十三首·其六》，这是一首绝句：

> 寻章摘句老雕虫，晓月当帘挂玉弓。
> 不见年年辽海上，文章何处哭秋风？

"寻章摘句老雕虫"，我们在讲《文心雕龙》的时候引用过。李贺想要从军，去建功立业，效法投笔从戎的班超，就抒发自己的抱负，说"男儿何不带吴钩"（《南园十三首·其五》）。但是李贺去不成，他只是一个书生，于是只好自嘲："寻章摘句老雕虫。"

那么，李商隐为何要写李贺小传呢？因为李商隐非常喜欢李贺。两个人其实不在同一个时代，李贺在公元816年去世时，李商隐大约才3岁，所以他们是没有交往的。但李商隐和李贺身世很接近，也是才华横溢，而又一生郁郁不得志。大概，这就是李商隐喜欢李贺的原因之一，李商隐能从李贺的身世里，看到自己的投影，得到些许的安慰。我们后人将李白、李贺和李商隐合称为"三李"。这大概是我们对这些前辈仅能表达的敬意了。

第十五讲
伤仲永

　　金溪民方仲永，世隶耕。仲永生五年，未尝识书具，忽啼求之。父异焉，借旁近与之，即书诗四句，并自为其名。其诗以养父母、收族为意，传一乡秀才观之。自是指物作诗立就，其文理皆有可观者。邑人奇之，稍稍宾客其父，或以钱币乞之。父利其然也，日扳仲永环谒于邑人，不使学。

　　余闻之也久。明道中，从先人还家，于舅家见之，十二三矣。令作诗，不能称前时之闻。又七年，还自扬州，复到舅家问焉。曰："泯然众人矣。"

　　王子曰：仲永之通悟，受之天也。其受之天也，贤于材人远矣。卒之为众人，则其受于

人者不至也。彼其受之天也，如此其贤也，不
受之人，且为众人；今夫不受之天，固众人，
又不受之人，得为众人而已耶？

（王安石《伤仲永》）

王安石这篇《伤仲永》，在我们看来，讨论的其实
是一个教育问题。而教育问题，又是当下热点，为千万
家长所关注。在这一时代读《伤仲永》，我觉得特别有
意思，仍会有很多启发。

文章讲的是一个神童的故事。第一段的大意：金溪
这个地方，有个人叫方仲永，家里世代都是种地的。仲
永长到五岁，从来没见到过书籍文具，有一天忽然哭着
想要这些东西。父亲感到很惊异，就到邻居家借来给
他，仲永马上就写了四句诗，并且写上了自己的姓名。
他的诗歌以赡养父母、团结同宗族的人为主题，被传给
乡里的秀才观看。从此，指着事物让仲永写诗，他立刻
便能完成，文采和立意都有可取之处。同县的人都觉得
很奇怪，渐渐地就把方仲永的父亲当作宾客来对待。有
人还花钱来求取方仲永的诗文。他的父亲见有利可图，
就每天带他去拜访同县的人，不让他学习。

这里有几个文言词的用法需要解释一下。

一个是"父异焉"的"异"。"异"的本义，应该是不同、奇异的意思；而这里需要解释为"感到奇异"，"异"便有了动词的词性。在文言文的基本知识里，这叫作意动用法。我们留心一下，读文言文，经常会遇到。

还有一个是"邑人奇之"的"奇"。这个"奇"字的用法和上面这个"异"字一样，也是意动用法，是"感到奇怪"的意思。

还有一个地方，"稍稍宾客其父"。"宾客"明明是一个名词，怎么后面跟了宾语呢？这也是一种词类活用现象，在文言文中很常见。"宾客"在这里也是用作动词，意思是"当作宾客"，用法上叫名词活用为动词。"稍稍宾客其父"的意思就是渐渐地把方仲永的父亲当作宾客来对待。

"父利其然也，日扳仲永环谒于邑人，不使学。"方仲永的父亲，就以这个为牟利的手段，每天带领仲永，去拜访同县的人，不让仲永学习。

第二段中，作者说他听说这件事已经很久了。明道（1032—1033）年间，他跟从父亲回到家乡，在舅舅家里见到了方仲永，方仲永已经十二三岁了。作者让方仲永写诗，方仲永写出来的诗已经不能和之前的传闻相称了。又过了七年，作者从扬州回来，又到舅舅家里，问起方仲永，舅舅回答说："他和普通人没有什么区别了。"

最后一段，"王子曰"一句中的"王子"是王安石的自称。古代对成年而有学问的男子尊称为"子"，例如老子、孔子、孟子、庄子、韩非子等。王安石自称"王子"，是不是也是尊称呢？其实不是。历代对成年男子的称呼不同，这个"子"，也可以理解为现在的"先生"的意思。

王安石认为，方仲永之通悟，是老天爷给他的。因此，他比普通的人更有才华。最后他成了普通人，是他后天所受的教育没有达到要求。他的天资是那样的好，没有受到正常的后天教育，尚且成为平凡的人。那么，现在那些天生不聪明的人，本来就平凡，又不接受后天教育，也许连普通人都比不上。

王安石这里强调的是后天学习的重要性，阿老师很赞同这一看法。但是，前面说方仲永是个天才，他的写诗才能是天生的。这一点，阿老师表示怀疑。为何？因为，哪有什么才能是天生的呢？这简直是个神话。江淹梦见神人给了他一支笔，李白梦见笔头生花，那都是神话，不是事实。如今，我们相信的是什么？我们应该相信的是，对待事业，要持续追寻、打磨，才能臻于至善。

这个方仲永究竟为什么五岁就能写诗，能写自己的名字呢？我不觉得这是天生的。这不科学。究竟是什么原因，这个暂且不论，因为王安石也不打算带我们去追究。王安石这么写，这是为了说明一件事，就是方仲永确实先天条件很好，是很有天赋的一个人。

但是，他先天条件这么好，为什么最后"泯然众人"呢？用王安石的解释，就是后天没有好好学习的缘故。他生为天才，没有持续学习，就变成普通人了，更何况我们这些不是天才的人？所以，王安石这篇文章的道理，在于劝学。这一点，王安石讲得很对。

但是阿老师今天却想讲一讲方仲永的父亲。我认为，是方仲永父亲贪图小利和虚荣，最终害了他。

文章里怎么写方仲永的父亲呢？

"稍稍宾客其父，或以钱币乞之。父利其然也，日扳仲永环谒于邑人，不使学。"

这句是关键。因为父亲贪图眼前的小利，以及小小的名望，就每天拉着方仲永去各处拜访，使方仲永失去了求学的机会，最后"泯然众人"。为人父母者，对待孩子的学习，真的要谨慎。

我们中国一向有"神童崇拜"，有各种各样关于神童的传说，在《世说新语》里就可以找到很多例子。作为父母，希望自己的孩子小的时候是个神童，长大了是个杰出人才，也是可以理解的。但是，神童究竟存不存在呢？阿老师反正没见过，我见过的淘气的孩子比较多。但是，这些小时候淘气的孩子，往往长大了颇有建树。为什么？因为，孩子小的时候，就得像个孩子那样去培养，长大了才会像个大人那样去担当。所谓的坏孩子，无非是他的能量大一点而已，按照儿童心理学家河合隼雄的说法，孩提时代的破坏力，其实就是创造力本身。

做父母的，最重要的就是其教育视野、人生格局；如果格局太小，只图谋眼前的小利，那么，即便像方仲永那样的天才，也会被扼杀在成才的道路上。这一点，不可不慎重。

第十六讲
后赤壁赋

　　是岁十月之望，步自雪堂，将归于临皋。二客从予，过黄泥之坂。霜露既降，木叶尽脱。人影在地，仰见明月。顾而乐之，行歌相答。

　　已而叹曰："有客无酒，有酒无肴，月白风清，如此良夜何？"客曰："今者薄暮，举网得鱼，巨口细鳞，状如松江之鲈，顾安所得酒乎？"归而谋诸妇。妇曰："我有斗酒，藏之久矣，以待子不时之须。"

　　于是携酒与鱼，复游于赤壁之下。江流有声，断岸千尺。山高月小，水落石出。曾日月之几何，而江山不可复识矣。予乃摄衣而上，履巉岩，披蒙茸，踞虎豹，登虬龙，攀栖鹘之危巢，俯冯夷之幽宫。盖二客不能从焉。划然长啸，草木震动，山鸣谷应，风起水涌。予亦悄然而悲，肃然而恐，凛乎其不可久留也。反而登舟，放乎中流，听其所止而休焉。时夜将半，四顾寂寥。适有孤鹤，横江东来，翅如车轮，玄裳缟衣，戛然长鸣，掠予舟而西也。

须臾客去，予亦就睡。梦一道士，羽衣蹁跹，过临皋之下，揖予而言曰："赤壁之游乐乎？"问其姓名，俯而不答。"呜呼噫嘻！我知之矣，畴昔之夜，飞鸣而过我者，非子也耶？"道士顾笑，予亦惊悟。开户视之，不见其处。

（苏轼《后赤壁赋》）

　　苏东坡有《前赤壁赋》，也有《后赤壁赋》，一样华美的篇章，让人几乎不能评价哪一个更好。不同的是，读者的心境和人生的阅历如何投射其中。

　　阿老师 30 岁之前，更喜欢《前赤壁赋》；30 岁到

40 岁期间，更喜欢《后赤壁赋》。但到了现在，你让我说更喜欢哪一篇，我只能说："不要为难我了，一样喜欢，没有丝毫的差别。"

这两篇赋都写于黄州，都是在乌台诗案之后。如果说《前赤壁赋》还有自我宽慰之意，那么《后赤壁赋》就有了更多的适意。就是说，在艰难的处境之下，苏东坡也找到了物质与心灵的栖居之所。这个从极刑之下逃命的人，终于找到了他内心的安宁。于是，我们这些热爱苏东坡的后人，终于也为他放下心来。

《后赤壁赋》写于宋神宗元丰五年（1082），在《前赤壁赋》之后三个月。所以《前赤壁赋》里写"壬戌之秋，七月既望"，而《后赤壁赋》则写"是岁十月之望"。"望"指的是每个月的十五这一天，这是一个专有名词。那么什么叫"既望"呢？就是十五之后的那一天，即阴历十六。所以，《前赤壁赋》记录的是七月十六那一天；《后赤壁赋》记录的是十月十五那一天。前后相隔三个月。

雪堂，是苏东坡到黄州之后所建的新居，离他在临皋的住处不远，在黄冈东面。该堂在大雪时建成，画雪景于四壁，故名"雪堂"。在十月十五这天晚上，苏轼从雪堂步行出发，要去临皋（苏轼刚到黄州时，借住在黄州定慧院，之后就迁居到临皋）。有两个朋友跟着苏轼，一起经过黄泥坂。"坂"指的是斜坡、小山坡。绍兴现在还有地名以坂称之，比如白马坂、桂圆坂等。

这时霜露已经降下，叶子全都落了。苏轼一行人的身影倒映在地上，抬头看见明月高悬，四下里瞧瞧，心里十分快乐，于是一面走一面吟诗，相互酬答。

苏轼叹惜地说："有客人却没有酒，有酒却没有菜。月色皎洁，清风吹拂，这样美好的夜晚，我们怎么度过呢？"一位客人说："今天傍晚，我撒网捕到了鱼，大嘴巴，细鳞片，形状就像松江的鲈鱼。不过，到哪里去弄到酒呢？"苏轼回家和妻子商量，妻子说："我有一斗酒，保存了很久，为了应付您突然的需要。"

就这样，苏轼与朋友带着酒和鱼，再次到赤壁下游览。长江的流水发出声响，陡峭的江岸高峻直耸。山峦很高，月亮显得小了，水位降低，礁石露了出来。才相隔多少日子啊，上次游览所见的江景山色，这时已经认不出来了！

大家注意"江流有声，断岸千尺。山高月小，水落石出"，这两句两两对仗，整齐而简约，把深秋的景物勾勒出来，显示了非常高超的笔力。

苏轼提起衣服，就去登山了。他踩着险峻的山岩，拨开纷乱的野草，坐在虎豹形状的怪石上，又不时拉住形如虬龙的树枝，攀上猛禽做窝的悬崖，低头看水神冯夷的深宫。两位客人都不能跟着他走到这个极高处。他发出长啸声，草木被震动，高山与之共鸣，深谷响起了回声，大风刮起，波浪汹涌。在这种情境中，他觉得忧愁悲哀，静默屏息，觉得这里令人畏惧，不可久留。他们回到船上，把船划到江心，任凭它漂流到哪里就在哪里停泊。这时快到半夜，四周冷清寂寞。正好有一只鹤，横穿江面从东边飞来，翅膀像车轮一样大，尾部的黑羽如同黑裙子，身上的白羽如同洁白的衣衫，它拉长声音叫着，擦过小船向西飞去。

过了一会儿，客人离船上岸，苏轼也回家睡觉。他梦见一位道士，穿着羽毛编织成的衣裳，轻快地走来，走过临皋亭的下面，向他拱手作揖说："赤壁的游览快乐吗？"苏轼问道士的姓名，道士低头不回答。"噢！哎呀！我知道你的底细了。昨天夜晚，边飞边叫着从我船上飞过的，不就是你吗？"道士回头笑了起来，苏轼也忽然惊醒，开门一看，却不知道他到哪里去了。

为什么说苏轼得到了物质和精神双重的满足呢？你看，他有了自己简陋的房子——雪堂，来遮蔽风雨。他对物质的需求一点也不高，有一条巨口细鳞的鱼，就很高兴了。看上去，他也不常有酒喝，想喝酒，还得回家问他的妻子，即"归而谋诸妇"。幸好他的妻子贤惠，偷偷藏了一坛酒，以备不时之需。

那么，为什么苏轼这个时候会这么窘迫，连酒都喝不上？因为，苏轼是被贬官到黄州的，担任的是黄州团练副使，基本上是没有俸禄的，并且不得签署公事，不得擅去安置所。这无疑是一种"半犯人"式的管制生活，相当于给你一个虚职，其实你还在地方官的监视之下。

北宋的文官，地位是很高的，薪水也不错。奈何苏轼现在是罪犯之身，经历过很长一段时间的冤狱，又没有薪水，还要养一家大小，这个生活压力骤然就加重了。所以，他妻子私下里藏了一坛酒，他朋友有一条鱼，他就非常开心了。

读到这里，读者往往又开心，又心酸。一代文豪，大家都那么敬仰，居然一度连生活都成了问题。幸好苏轼达观，他并不在意生活的窘迫，总能从简单的物质里获得快乐。这就是我特别喜欢苏轼的地方之一。

此外，在精神上，苏轼又是怎么样得到满足的呢？你看，有山水美景，可以游目骋怀，虽然还是很孤独，但苏轼"划然长啸，草木震动，山鸣谷应，风起水涌。予亦悄然而悲，肃然而恐，凛乎其不可久留也"——这句话究竟在说什么？我以为，这真的是一种象征，表示苏轼到了一个别人不能跟从的孤独境界，这不正是苏轼人生的象征吗？这一段，也令我想起《水调歌头》里的那一句："我欲乘风归去，又恐琼楼玉宇，高处不胜寒。"然而，苏轼还是到了一个高处不胜寒的境界，他一个人，要去面对自己全部的命运。

那么，梦见一个道士，指的是什么呢？往下读去，我们发现，那只横江而去的仙鹤化为了一名道士，出现在苏轼的梦境里。我们讲过的《庄周梦蝶》，与这也许有某些相似之处。因为在梦里，人才能摆脱"人生而自由，却无往不在枷锁之中"（卢梭《社会契约论》）的命运。

无论在遥远的古代，还是在现代，那些与众不同、绝世而独立的，然而又有血有肉，跟我们一样有着七情六欲、悲欢离合的知识分子，他们的命运何其相似。

2023 年春节，我带着家人自驾游，去了黄冈，想寻找东坡旧迹。我的一位朋友正是黄冈人，我就问他，东坡所说的"雪堂"，今天大概在何处。可惜他少小离家求学，知之不详。

承天寺遗址尚在，临皋亭遗迹也在，尽管周边基本上都是小区。承天寺遗址旁边有湖，想必当年风景是很好的。我没找到雪堂，虽然有些许遗憾，但想到世事沧桑，千年之后，我站在苏轼当年曾经挥洒笔墨的地方，心愿已足。

第十七讲
自评文

> 吾文如万斛泉源，不择地而出，在平地滔滔汩汩，虽一日千里无难；及其与山石曲折，随物赋形，而不可知也。所可知者，常行于所当行，常止于不可不止，如是而已矣。其他虽吾亦不能知也。
>
> （苏轼《自评文》）

苏东坡到底多有才华？就连苏东坡的仇敌，一个叫李定的人，也不得不叹服。苏轼因乌台诗案含冤入狱，每天拷问苏轼的，就有李定这个人。李定等人各怀鬼胎，有的是因为对改革的政见不同，而视苏轼为仇敌；有的则只是因为才华不及苏轼，就对苏轼嫉恨有加。最终，一场乌台诗案，成为一群小人的狂欢。

李定特别想把苏轼置于死地。他有天上朝时自言自语："苏轼啊，真是有才华呀。"边上的同僚畏惧李定的权势，不敢搭腔。过了一会儿，李定又自言自语："你问他许多年前写的诗歌，他都能够对答如流，就像在手边一样。"

李定想追究苏轼诗歌中的那些所谓对皇帝不恭的部分，他为了罗织罪名，弄一个文字狱，就从苏轼的诗歌里捕风捉影。而旁边的人，绝大多数都是同情苏轼的，不由得暗暗心惊。

我读了胡文辉写的《苏东坡的敌人》，其中讲到，王安石、司马光、沈括、程颐等人都一度与苏东坡为敌。我想：与东坡为敌者都达到了如此高度，那是怎样的时代啊！而朱熹、王夫之、章太炎等人对苏东坡的批评，又让我感慨：达到了如此精神高度的人，仍会与东坡为敌，我们人类是有怎样的偏见啊！

最近我读完李一冰的《苏东坡新传》，也是深有感慨。

苏轼的一生跌宕起伏，但他作为一个不世出的文学大家，立身行事只听从内心真实的声音，千年来一直为我们后人所敬仰。这是明明白白的事实，正所谓

"尔曹身与名俱灭，不废江河万古流"（杜甫《戏为六绝句·其二》）。

今天我们要讲的是苏轼的一篇小文，名叫《自评文》。我们都说苏轼很有才华，连苏轼的敌人都这么认为。那么，苏轼自己怎么看呢？他对自己也有一个客观的看法。或者说，他并不刻意谦虚，他也觉得自己有才华。

在《自评文》里，他说："我写文章，就像有一万斛的源头活水，到处都可以涌出来。在平地上，文思如滔滔汩汩的流水，就算是一日之内流一千里，也不难。等它遇到山啊，石头啊，曲曲折折的地方啊，就跟随着外物而改变形状，完全无法知道究竟会变成什么样。唯一能知道的是，我写文章，'常行于所当行，常止于不可不止'，只是像这样就好了。其他的，即便是我自己，也不知道。"

"常行于所当行，常止于不可不止。"

这句话很形象。有个词语叫"行云流水"，讲的大概就是这个意思。在应该继续的时候就继续，而在不得不停下来的时候就停下来。这是一种自然而又自由的创作状态，多少读书人，多少以写文章为生的人，都希望达到这个境界。

这里讲述的其实是一种创作的基本规律，同样作为一个写作者，我这样理解：文章，是有一定的文气的，文气通畅，就是好文章；而文气不通，就可能不是好文章。这首先是一种直觉，而这种直觉，肯定得建立在自己丰富而多样的阅读经验之上，也建立在自己不断的写作练习之上。

苏轼，就是一个达到了创作的自由境界的诗人和作家。就"常行于所当行，常止于不可不止"这句话而言，我们可以列举苏轼的很多诗歌作品来分析。苏轼喜欢写词，这些词的篇幅有长有短，但都浑然一体，不可增删一字，也不可更改一字，这就是创作的自由境界。比如很多人特别喜欢的《定风波》：

> 三月七日，沙湖道中遇雨。雨具先去，同行皆狼狈，余独不觉。已而遂晴，故作此词。
>
> 莫听穿林打叶声，何妨吟啸且徐行。竹杖芒鞋轻胜马，谁怕？一蓑烟雨任平生。
>
> 料峭春风吹酒醒，微冷，山头斜照却相迎。回首向来萧瑟处，归去，也无风雨也无晴。

我觉得，这就是"常行于所当行，常止于不可不止"的极致境界。

阿老师问大家一个问题：这首词大概写于苏轼的哪一个阶段？你要是了解苏轼，看看这首词的内容，就知道了。

> "谁怕？一蓑烟雨任平生。"
> "归去，也无风雨也无晴。"

苏轼描写的这个境界，表明了他对人生的风雨一点都不挂怀。这首词可能写于乌台诗案之后。果然，这首记事抒怀之词，作于宋神宗元丰五年（1082）春，这是苏轼因乌台诗案被贬为黄州团练副使的第三个春天。沙湖是黄州边上的一个小景点，苏轼跟朋友去玩，突然下雨了，没带雨具，"同行皆狼狈，余独不觉"。苏轼的胸怀，真是光风霁月，十分值得尊敬。

我们了解到，苏轼是在死亡边缘徘徊过的人。在从湖州被押解到京城的路上，他几次想跳江自杀，只因被看守得太紧，而没有实现。他以"莫须有"的罪名被关在牢房里100多天，这之中的种种苦难，岂足为人道哉？

　　在黄州，生活也不宽裕，苏轼却写了这么一首达观的诗歌，"竹杖芒鞋轻胜马""山头斜照却相迎"。人生自有不同境界，只要你度过这一段，便有不同景致，就像尼采说的那句话：那些杀不死你的东西，必将使你更强大。

　　仅从诗歌的节奏来看，这首词亦是浑然一体，佳句天成，自然从内心涌出。因为，苏轼的诗歌创作，就像他的人生态度一样，高级而又自然，令人心生仰慕。

　　我们的古文课一共讲了苏轼的四篇文章，分别是《记承天寺夜游》《前赤壁赋》《后赤壁赋》和这篇《自评文》。苏轼和张岱的文章，阿老师选得最多。这不光是因为阿老师偏爱他们，也实在是因为他们的文章太好了。所有的中国人，大概只要有了苏轼，精神世界就不会匮乏。这是苏轼馈赠给我们后人的无尽宝藏，"而吾与子之所共适"（《前赤壁赋》）。

第十八讲
墨池记

　　临川之城东，有地隐然而高，以临于溪，曰新城。新城之上，有池洼然而方以长，曰王羲之之墨池者，荀伯子《临川记》云也。羲之尝慕张芝，临池学书，池水尽黑，此为其故迹，岂信然邪？

　　方羲之之不可强以仕，而尝极东方，出沧海，以娱其意于山水之间；岂有徜徉肆恣，而又尝自休于此邪？羲之之书晚乃善，则其所能，盖亦以精力自致者，非天成也。然后世未有能及者，岂其学不如彼邪？则学固岂可以少哉，况欲深造道德者邪？

墨池之上，今为州学舍。教授王君盛恐其不章也，书"晋王右军墨池"之六字于楹间以揭之。又告于巩曰："愿有记"。推王君之心，岂爱人之善，虽一能不以废，而因以及乎其迹邪？其亦欲推其事以勉其学者邪？夫人之有一能而使后人尚之如此，况仁人庄士之遗风余思被于来世者如何哉！

庆历八年九月十二日，曾巩记。

（曾巩《墨池记》）

人类学家克罗伯曾问过这样一个问题：为什么天才总是成群地来？想到这个问题，我就会想起五四时期，想起盛唐，想起文采锦绣的北宋时代。

最近这几篇，我们一直在讲北宋那个时代的文章，徘徊在范仲淹、晏殊、宋祁、欧阳修、苏轼、苏辙、王安石、司马光、曾巩的时代。这些人虽然政见时有不同，性格各异，彼此之间也未必全是朋友，有的还是敌人，但是这些人却一样优秀，一样杰出。比如王安石和苏轼，一度因为政见不同而互为敌人，但最后还是化敌为友，王安石为营救苏轼还出了很多力气，可见王安石是一个胸怀磊落的人。这些杰出的人物，在中国文学史的星河里交互出现，像满天繁星，熠熠闪光。这令人想起"为什么天才总是成群地来"这个问题。

今天我们讲的曾巩，也属于这一个杰出的序列。他与苏轼、欧阳修同处一个时代，也同属于"唐宋八大家"。曾巩是欧阳修的弟子，跟苏轼同榜进士出身。当时，因为科举考试是匿名阅卷，欧阳修看到苏轼的文章时，不由得感叹：写得实在太好了。他担心这是曾巩写的，为避嫌，就把苏轼录取为第二名。这一年，曾巩也考中了，最后被录取为第十七名。

曾巩（1019—1083），字子固，抚州南丰（今江西南丰县）人，历任太平州司法参军，馆阁校勘，集贤院校理，越州通判，济州、福州知州，史馆修撰……最后官至中书舍人。

这是对他的一般性描述。我其实对"官至中书舍人"这样的表述，是有一定的警惕的，因为这里面表现了非常明确的官本位意识：不问曾巩写了什么，做了什么，只是列举官职。但其实，曾巩本人的生活，不是如以上描述般的呆板。

此文中的墨池，在今江西省抚州市临川区，相传是东晋大书法家王羲之洗笔砚处。王羲之在池边习字，池水尽黑。

曾巩钦慕王羲之的盛名，于庆历八年（1048）九月，专程来临川凭吊墨池遗迹。州学教授王盛请他为"晋王右军墨池"作记，于是曾巩根据王羲之的逸事，写下了这篇散文《墨池记》。

我们先来看选文第一段的大意。

临川的城东，有处微微高起的地方，靠近溪流，名叫新城。新城上面，有个低洼的水池。水池呈长方形，据说是王羲之的墨池。这是荀伯子写的《临川记》里说的。王羲之曾经很钦佩张芝，就对着水池学习书法，池水全变黑了。据说这个水池就是他学习书法的遗迹，难道是真的吗？

这里的描述其实很有意思。曾巩并没有完全认定这个墨池就是王羲之学书法的旧址。因为王羲之的墨池到处都是，王羲之到过的每一个地方，几乎都有墨池。阿老师在绍兴，绍兴的王羲之故居门口，有一口黑不溜秋的池塘，看上去像水质被污染了一样。据说，这也是墨池。那究竟哪一个才是真正的墨池？不过，曾巩写这篇文章，用意不在判定墨池是不是真的，而是在讨论别的主题。

再来看第二段的大意。

王羲之在不愿勉强做官的时候，曾经游遍东方，出游沧海，在山水之间游览，这使他的心情变得愉快。莫非他在尽情游览时，曾在这里停留过？王羲之的书法，到晚年才登峰造极。那么他能达到这种境界，大概也是靠他自己的精神和毅力实现的，并不是天生的。后世没有能够赶上他的人，是不是下的功夫不如他呢？看来学习的功夫不可以少下啊，更何况那些想在道德修养上深造的人呢？

你看，原来曾巩注重的不是考据墨池的所在，而是学习的道理。一个人的成就，不是天生的，而是从后天持之以恒的练习中得来的。即便这个人已经很厉害了，已经成名了，他也不能停下来，就像王羲之一样。王羲之的书法，到晚年才登峰造极。可见，他一辈子从来没有停止过学习。这里阿老师也要补充几句，真正的学习，就是终身学习。如果一件事我们喜欢，我们就要用一辈子来钻研它，把它当成事业来做，这才可能有所成就，可能达到至境；否则，很可能就会重复方仲永的悲剧。

接着看第三段的大意。

墨池的旁边，现在是抚州州学的校舍，教授王盛先生担心墨池不能出名，写了"晋王右军墨池"六个字挂在屋前两柱之间，又请求"我"说："希望你写一篇《墨池记》。""我"推测王先生的用心，他大概是爱惜别人的长处，即使是一技之长也不想让它埋没，因而把这种爱惜之情推广到王羲之的遗迹吧？或者他想推广王羲之的事迹来勉励那些学员吧？一个人有一技之长，就能使后人这样尊重他；何况那些品德高尚、行为端庄的人，遗留下来令人思慕的美好风范，对于后世的影响那就更不用说了！

宋人的文章，跟宋人的诗歌很像，也经常喜欢说理，就是他们所推重的"理趣"。他们总希望在某一件事上，得到一个什么样的道理。像苏轼《题西林壁》中的诗句，"不识庐山真面目，只缘身在此山中"，就是很有哲理的。当然，这个哲理放在我们今天，也许算不了什么，因为我们当下有更严密的、更科学的学说。

但这一方面说明当时的文体已经很完备了，已经发展出了逻辑说理的能力；另一方面，也说明当时的理学思想很有影响力。我们从这两个层面去理解《墨池记》，就更容易明白其特点。

第十九讲
吴钩

唐人诗多有言"吴钩"者。"吴钩",刀名也,刃弯。

（沈括《梦溪笔谈》选段）

《梦溪笔谈》中有意思的篇章很多。比如,有记载石油的,有记载雕版印刷的。何以我们的古文课只选了这么一句？原因很简单：好玩。

吴钩,是一种刀,在唐人的诗歌里经常出现。李白的《侠客行》写道："赵客缦胡缨,吴钩霜雪明。"李贺的《南园十六首·其五》也写道："男儿何不带吴钩,收取关山五十州。"

我猜,沈括大概跟我一样,读唐人诗歌比较多,就会好奇：这个吴钩究竟是个什么物件？经过研究他发现：原来，吴钩是一种刀，刀刃是弯的。很多科学研究，就单纯是从好奇开始的。我特别喜欢一个叫费曼的人，他是 1965 年诺贝尔物理学奖得主；读他写的《别闹了，费曼先生》，真是好玩。这个费曼，一生都被自己的好奇心驱动。

关于吴钩，短短几句就讲完了，但我们还需要来聊一下沈括其人。

在阿老师的古文课里，沈括其实已经出现过两次了：一次是在讲郦道元时，一次是在讲苏轼时。讲郦道元的时候，我们表扬了沈括，提到《梦溪笔谈》这本书是科学精神的萌芽。像这样的书，在中国古代是很少的，所以很宝贵。后代有人常称沈括为科学家，但是这个"科学家"，跟现代意义上的科学家还是有区别的。沈括虽然在数学、物理这些门类上有一些创见，但还不是现代意义上的有实证、有理论的科学家。其实，沈括还是一个文人，是一个官员，只不过在一众文人里，比较偏向于理科而已。

在与苏轼同朝为官的时候，沈括曾经对苏轼做了一些不太光彩的事情——这个也不需要为贤者讳，因为这是一件真实发生的事。

苏轼外放，任杭州通判时，恰好沈括奉命巡察地方工作。他从京城出发之前，皇帝特意嘱咐他，到了杭州，去问候一下苏轼，毕竟苏轼名声在外，皇帝也很喜欢他。沈括到了杭州，就去拜访苏轼，还与苏轼一起去旅游景点玩，然后向苏轼索要他最近的诗作。

苏轼这个人没有心机，见沈括喜欢自己的诗歌，就挺高兴，把自己的诗集送给沈括。谁知沈括仔细研究苏轼的诗歌，咬文嚼字，牵强附会，向皇帝报告说，苏轼在诗里面诽谤朝政。不过，这次皇帝没追究苏轼，因为当时朝廷重视文人，也很宽容，沈括算是讨了个没趣。

后来的乌台诗案虽不是直接由沈括引起的，但沈括这种罗织罪名的做法，却也在历史上留下了污点。后来李定、舒亶等变法派中的小人，就是效仿沈括的做法，过度阐释苏轼的诗句，找出其中对新政不满、"诽谤"朝廷的部分，最终使得苏轼落狱。这桩风波的始作俑者，就是沈括。

因此，我们评价一个人，需要全面地来评价。这并不是说，我们喜欢苏轼，那么苏轼所有的敌人就都是坏人。但是假如一个人喜欢攀附，又会告密、诬陷政敌，恐怕就不会有什么好的人品。

但即便如此，我们也不能抹杀《梦溪笔谈》的成就。沈括的代表作《梦溪笔谈》，内容丰富，集前代科学之大成，在世界科学文化史上有着重要的地位，被称为"中国科学史上的里程碑"。

比如，我们曾说过，沈括在《梦溪笔谈》中记载了石油：

> 鄜、延境内有石油，旧说"高奴县出脂水"，即此也。生于水际，沙石与泉水相杂，惘惘而出，土人以雉尾裹之，乃采入岳中。颇似淳漆，然之如麻，但烟甚浓，所沾幄幕皆黑。余疑其烟可用，试扫其煤以为墨，黑光如漆，松墨不及也，遂大为之，其识文为"延川石液"者是也。此物后必大行于世，自余始为之。盖石油至多，生于地中无穷，不若松木有时而竭。今齐、鲁间松林尽矣，渐至太行、京西、江南，松山大半皆童矣。造煤人盖未知石烟之利也。石炭烟亦大，墨人衣。余戏为《延州诗》云："二郎山下雪纷纷，旋卓穹庐学塞人。化尽素衣冬未老，石烟多似洛阳尘。"

这是沈括在今天的西安任职时候的发现。其实，在

《后汉书》里，就已经有对石油的记载，当时人们称之为"石脂"，就是石头的脂水的意思。沈括是第一个将其命名为"石油"的人，汉语里如今还在使用"石油"这个名词。而且，沈括很有前瞻性，他说"此物后必大行于世，自余始为之"，这确实被他说中了。我们现代社会，一刻都离不开石油。沈括还知道，这个石油，地下有很多，比砍伐树木用来做燃料好多了。因为沈括看到，当地很多山林，已经被砍伐殆尽。那时人类的活动已经改变了生态，而约一千年前的沈括，已经有所警觉。

沈括还用石油的烟灰来做墨，做出来的墨又黑又亮，比松墨还好。于是他大量地制造这种墨，在墨锭上写着"延川石液"的就是这种墨了。

所以我们看一个人，应知人论世、就事论事，不可以"一棒子打死"，也不可以一味地吹捧。一个人，既有缺点，也有优点，看我们怎么用客观的眼光去评价罢了。

第二十讲
田登忌讳

田登作郡，自讳其名，触者必怒，吏卒多被榜笞。于是举州皆谓灯为火。上元放灯，许人入州治游观。吏人遂书榜揭于市曰："本州依例放火三日。"

(陆游《老学庵笔记》选段)

读完上面这篇选文，读者朋友们一定笑了。你看，这就是"只许州官放火，不许百姓点灯"这句话的来历。

田登这个人，担任郡守时，下令要避讳自己的名字，谁触犯了这个忌讳，他就会很生气，手下的吏卒有很多都因此被鞭打过。于是，整个州都把"灯"叫作"火"。因为当时人们用的都是油灯，需要点火。上元节，就是元宵节，按照传统要放花灯，普通百姓可以进城游览观赏。吏卒就在街市上写了一个榜文，上面写道："本州按照惯例，放火三天。"

这个故事出自陆游的《老学庵笔记》。陆游是南宋的著名诗人，但我们的古文课到现在才讲到陆游，因为他的诗才太盛，遮蔽了文才。

《老学庵笔记》以镜湖岸边的老学庵书斋而得名，书斋名取师旷"老而学如秉烛夜行"（陆游《剑南诗稿》卷三三《老学庵》自注）之语。这是陆游晚年的作品，记载了大量的遗闻逸事、风土民俗，也考辨了许多诗文、典章、舆地、方物等。其成书时间，大约在宋孝宗淳熙（1174—1189）末年到宋光宗绍熙（1190—1194）初年这段时间。

陆游是绍兴人。阿老师的古文课讲了那么多绍兴人，是不是有私心？其实也不是，因为陆游值得大书特书，只选了一篇小笔记，还是亏待他了。

陆游生于公元 1125 年，卒于公元 1210 年。他出身名门望族、江南藏书世家。陆游的高祖陆轸是宋真宗大中祥符（1008—1016）年间进士，官至吏部郎中；祖父陆佃师从王安石，精通经学，官至尚书右丞，所著《春秋后传》《尔雅新义》等是陆氏家学的重要典籍；父亲陆宰通诗文、有节操，北宋末年曾任京西路转运副使。

宣和七年（1125）十月十七日，陆宰奉诏入朝述职，偕夫人唐氏由水路进京，在淮河的舟上喜得第三子，为其取名陆游。

据说，在陆游出生之前，他的妈妈做梦，梦见了秦少游，所以这个孩子就被命名为陆游。你看：秦观，字少游；陆游，字务观。这两个人的名和字，刚好相反，也很有趣。

绍兴二十三年（1153），陆游来到京城临安（今浙江杭州）参加锁厅试，这是一种现任官员及恩荫子弟的进士考试。主考官陈之茂阅卷后，把陆游录取为第一。秦桧的孙子秦埙也参加了这次考试，位居陆游名下，秦桧大怒，欲降罪主考。次年，陆游参加礼部考试，秦桧指示主考官不得录取陆游。从此，陆游因被秦桧嫉恨，仕途不畅。所以，陆游的诗歌，经常是壮怀激烈，而志不得伸。

陆游年轻时就以慷慨报国为己任，把消灭入侵的敌人、收复沦陷的国土当作人生第一要务，但如上所述，他的抗敌理想屡屡受挫。于是，他许多诗歌，一则表现了昂扬的斗志，二则倾诉了深沉的悲愤之情。那种慷慨激昂的报国热情和壮志未酬的悲愤纠结在一起，形成特殊的艺术张力。

比如著名的《书愤》：

> 早岁那知世事艰，中原北望气如山。
> 楼船夜雪瓜洲渡，铁马秋风大散关。
> 塞上长城空自许，镜中衰鬓已先斑。
> 出师一表真名世，千载谁堪伯仲间！

临死之前，他还不忘国家大事，留下一首著名的《示儿》，这是他的绝笔：

> 死去元知万事空，但悲不见九州同。
> 王师北定中原日，家祭无忘告乃翁。

这一首，我们耳熟能详，自小就能朗朗上口了。

但其实，陆游的创作形式非常丰富，内容不拘一格，每一个种类都有名篇名句留下。比如田园诗，他有"山重水复疑无路，柳暗花明又一村"（《游山西村》）的名句；比如写客居临安，他有"小楼一夜听春雨，深巷明朝卖杏花"（《临安春雨初霁》）的名句。诸如此类，为后人传唱不已。

在绍兴，有很多陆游的故址，承载着讲述不完的逸事。这也是人们喜欢陆游的一个表现。这些逸事中最著名、最广为人知的，当属他与唐琬的爱情故事。

唐琬自幼文静灵秀，才华横溢，陆家曾以一只精美无比的家传凤钗作信物，与唐家定亲。陆游大约在二十岁左右，与唐琬成婚。

婚后伉俪相得，唐琬也富有才华，夫唱妇随，与陆游的感情甚笃。没想到，这居然引起了陆母的不满。因为陆母认为，陆游当下的主要任务是读书考试，将家风发扬光大。现在他们两个新婚宴尔，卿卿我我的，有碍陆游读书。

陆母认为唐琬把儿子的前程耽误了，就要陆游休了唐琬。陆游不答应，陆母就以死相逼。陆游只好假装休妻，但暗中另筑别院，安置唐琬，没多久也被陆母发现了，陆母就命陆游另娶一位温顺本分的王氏女为妻。

我们现在可能不理解，为什么陆游这么软弱。但在南宋，理学思想根深蒂固，父母之命，媒妁之言，陆游无法抗拒。这样，唐琬只好改嫁了。

几年后，陆游去游览沈园。沈园是当时绍兴城里一座著名的园林。这次，正巧唐琬夫妇也在园中游览。唐琬征得丈夫赵士程同意，让家人送了一些酒菜给陆游，然后就离开了。陆游心有所动，在沈园题写了一首词，写罢，搁笔而去，这就是那首著名的《钗头凤》：

> 红酥手，黄縢酒，满城春色宫墙柳。东风恶，欢情薄，一怀愁绪，几年离索。错！错！错！
>
> 春如旧，人空瘦，泪痕红浥鲛绡透。桃花落，闲池阁，山盟虽在，锦书难托。莫！莫！莫！

沈园一会后，唐琬再去游览沈园，发现陆游题写在墙上的词，悲恸不已，于是也按照这个词牌，应和了一首：

> 世情薄，人情恶，雨送黄昏花易落。晓风干，泪痕残，欲笺心事，独语斜阑。难！难！难！
>
> 人成各，今非昨，病魂常似秋千索。角声寒，夜阑珊，怕人寻问，咽泪装欢。瞒！瞒！瞒！

写完这首词没多久，唐琬忧郁病死。

故事就这样结束了吗？没有。陆游再次游览沈园，已经是将近 40 年之后了，也就是说，陆游这时才知道唐琬应和了这首词的事情。陆游看到旧人词作，大恸于心，于是题诗纪念。后来他又写了《沈园二首》，来抒发自己的情感。其中一首是这样的：

> 城上斜阳画角哀，沈园非复旧池台，
> 伤心桥下春波绿，曾是惊鸿照影来。

这一年，陆游已经 75 岁了。这首诗千古流传，如今，沈园边上还有一条小巷子，被命名为"春波弄"。读过这首诗，你就知道这条小巷子的得名原因了。

故事就这样结束了吗？没有。又过了 10 年，陆游 85 岁，再次来到沈园游玩，睹物思人，感慨人生，写下了一首《春游》：

> 沈家园里花如锦，半是当年识放翁。
> 也信美人终作土，不堪幽梦太匆匆。

沈园里的这个爱情故事，前后持续了大约 60 年。真是令人感慨。

我们从"田登忌讳"，讲到了陆游的爱情故事。从中也可以看出，前辈古人跟我们一样，也是有血有肉的，壮怀激烈之余，也是有爱恨情仇的。至今，沈园仍然是绍兴老城里最热门的旅游景点之一，每逢节假日，游人如织。这个园子，成了爱情名园。

不过呢，阿老师最喜欢去的，不是沈园，而是沈园对面的禹迹寺面馆。那里的香干肉丝拌面，是阿老师的最爱。你来绍兴旅游的话，这家面馆，可以一去。

第二十一讲
如何是祖师西来意

问："如何是祖师西来意？"师曰："庭前柏树子。"曰："和尚莫将境示人。"师曰："我不将境示人。"曰："如何是祖师西来意？"师曰："庭前柏树子。"

（释普济《五灯会元》选段）

就个人的趣味而言，阿老师其实很喜欢禅宗，禅宗是佛教中国化之后形成的独特分支。我们曾讲过六祖惠能的故事，这个故事很有传奇色彩。在惠能之后，禅宗就枝繁叶茂，一时蔚为兴盛，留下了很多很好玩的佛理故事，这些故事就叫作"公案"。仔细阅读你会发现，这些公案中有很多智慧；你也会发现，这帮和尚其实也怪可爱的，并不都是长着白胡子的老头子。今天我们讲的，也是禅宗的一位大师——赵州禅师。

赵州禅师（约778—897），法号从谂，出生于曹州（今属山东菏泽），禅宗大师，幼年出家，得法于南泉普愿禅师，禅宗六祖惠能大师的第四代传人，弘法传禅达40年，僧俗共仰，人称"赵州古佛"。

故事是这样的。有个弟子去问赵州禅师，什么是祖师西来意。这里的"祖师"，指的大概就是达摩祖师。这个弟子很好学，问赵州禅师："达摩祖师西来，究竟是什么意思呢？"赵州禅师怎么回答呢？他说："院子前面，有棵柏树，这棵柏树结子了。"

读者看到这里，会不会一头雾水呢？弟子明明问的是"如何是祖师西来意"，禅师回答"庭前柏树子"。这是答非所问、误人子弟吧？

所以这个弟子不解，就说道："你不要把你看见的虚境告诉我。"赵州禅师说："我没有以虚境示人。"弟子接着问："如何是祖师西来意？"赵州禅师还是说："庭前柏树子。"

这位赵州禅师是不是答非所问呢？其实不然，这就是禅宗所说的"打机锋"。

禅宗中所说的"机"，就是指感受到某种具体情境所激发的心灵活动，或指契合佛教真理的关键、机宜；所说的这个"锋"，指活用禅机的敏锐状态。"机锋"指师者或禅僧与他人对话的时候，常用寄意深刻、无迹可寻，乃至超越逻辑的语言，来表现禅悟境界，或者勘验对方。

我们可以打个比方。一个弟子去问赵州禅师"如何是祖师西来意"，就相当于读古文的同学突然问阿老师"人生的终极意义是什么"，阿老师一听，就回答说"我已经吃过饭了"。

来问问题的同学一定觉得阿老师是在开玩笑，而其实不然。因为，饭是需要自己一口一口吃的，人生的终极意义，也是需要我们每个人自己一天一天去活出来的。靠老师告诉你，那就不是你对人生意义的真实体验。

总而言之，你的人生，是你自己的人生，你的人生意义，只有你自己才能去追寻，你需要用你的一生，去活出这个意义，而不是靠别人告诉你。即便阿老师告诉你一些所谓的哲理大词，那也只是阿老师的理解。所以，阿老师无言以对，只好说："我已经吃过饭了。"

我之所以这么回答，是因为我吃的是自己的饭，不能替这位同学吃饭。这位提问的同学，你的饭，也得你自己去吃。就像你的人生终极意义，也需要自己去追寻一样。

　　"如何是祖师西来意"，其实就是要把佛家的道，传递给那些有慧心的人。但是在禅宗看来，这个慧心是在自己身上的，需要你明心见性，需要你自己悟得，而不是通过别人告诉你。所以，禅宗就有"顿悟"这个说法。

　　"如何是祖师西来意"，对于每一个学禅的人来说，都是一个个人的问题，需要个人有自己的修为和觉解。于是，面对弟子的提问，赵州禅师看似顾左右而言他，像是答非所问，而其实，他是在用一种旁敲侧击的方式，启发学生自己去观察，自己去体会，自己去领悟。

　　因此，禅宗宗师们的机锋、转语，往往出乎意料，匪夷所思，甚至妙语解颐，隽永无穷。虽然如此，这些机锋、转语，也不是早已宿构在胸，而是临机对答，话语往往从天真中流露出来。机锋的运用，都取决于当场的一言一行，甚至一段沉默。

　　学习禅宗的人，并非要随时随地醉心在机锋妙语之间，日常有日常的修行，而顿悟只在一瞬。比如，惠能刚投入弘仁门下，很长的时间里都在挑水砍柴。这算什么呢？这也是修行，这些吃饭穿衣的日常，成为某个瞬间顿悟的基础。

　　这样的故事，其实还有很多。因为学佛的弟子们，在任何一个年代，总会有一两个善于思考的小和尚，要去问自己的师傅"如何是祖师西来意"，于是得到了各种各样不同的甚至千奇百怪的答案。

最过分的，我觉得是一个叫文偃禅师的人，他的这个故事也出自《五灯会元》。文偃禅师生活在公元 864 年到 949 年之间，在韶州（今广东韶关）云门山创建了光泰禅院。他的弟子问他："如何是佛？"这位文偃禅师怎么回答？他说："干屎橛。"以下阿老师的解释比较重口味，大家忍着点。

什么叫干屎橛？橛就是厕筹。什么叫厕筹？古代人上厕所大便，在没有发明厕纸之前，用什么擦屁股？用的就是厕筹。筹就是木头或竹子削成的小片，用完后用水洗干净，下次还可以再用。干屎橛，指的就是厕筹。

这个故事就可以转换成这样：有个弟子问文偃禅师佛的本质是什么，文偃禅师说是擦屁股用的纸。

唉，这是什么老和尚啊！这不是恶心人吗？同时这也亵渎了佛。

但其实，在禅宗看来，这完全没有关系。这段对话的真实作用，仅仅在于借这么一个话头，来打破参问者的妄想执着，使其豁然开朗。

弟子问"如何是佛"，文偃禅师答曰"干屎橛"，这跟中国古书上说的"道在屎溺"，是不是很有相通点呢？其实，这位老禅师真的不是把禅看作干屎橛，而是借由这么一个匪夷所思的答案，让这个提问者幡然醒悟而已。

为了让提问者恍然大悟，有的老和尚还会一声大喝。有一个叫义玄的和尚，特别喜欢用大喝一声的方式，解答弟子的疑惑。如果有人问"如何是祖师西来意"，他就大喝一声，像佛门狮子吼："咄，你个人，还不开悟！"但是对于问题本身呢，他从不正面回答。

还有更奇特的，有个叫德山宣鉴的唐朝老和尚，手里经常拿着一根棍子，以备不时之需。有人问他"如何是祖师西来意"，老和尚一言不发，抢起棍子就打。

这两个人的故事，加起来就是"当头棒喝"这个成语的来历。"当头棒喝"指用当头棒击或者大喝一声的方式，促人醒悟，比喻严厉警告，促使人猛醒过来。

这个成语，其实我们也经常用，用在做了错事被老师抓住之后写的检讨书上。小朋友们会这么写："老师严厉的批评，就像当头棒喝一样，使我幡然醒悟，从此弃恶从善、改邪归正、洗心革面、重新做人……"

第二十二讲
徐文长传

文长既已不得志于有司，遂乃放浪曲蘖，恣情山水，走齐、鲁、燕、赵之地，穷览朔漠。其所见山奔海立，沙起云行，雨鸣树偃，幽谷大都，人物鱼鸟，一切可惊可愕之状，一一皆达之于诗。其胸中又有勃然不可磨灭之气，英雄失路、托足无门之悲，故其为诗，如嗔如笑，如水鸣峡，如种出土，如寡妇之夜哭、羁人之寒起。虽其体格时有卑者，然匠心独出，有王者气，非彼巾帼而事人者所敢望也。文有卓识，气沉而法严，不以摸拟损才，不以议论伤格，韩、曾之流亚也。文长既雅不与时调合，当时所谓骚坛主盟者，文长皆叱而奴之，故其名不出于越，悲夫！

（袁宏道《徐文长传》选段）

　　阿老师之前讲徐文长的《与马策之》，曾说徐文长生前文名不彰。那么，徐文长究竟是怎么被我们后人知晓的，又是怎么成为人尽皆知的文化怪杰的呢？这里面，"公安三袁"（袁宗道、袁宏道、袁中道），尤其是袁宏道，起到了非常重要的作用。

　　有一天，袁宏道在陶望龄家里读书，忽然读到了徐文长的诗集。这个诗集的纸张装订都很差，刷板墨质低劣，字迹模糊不清。凑近灯前阅读，看了没几首诗，袁宏道不由得惊喜欢欣，连忙问陶望龄："这个诗集是谁写的？今人还是古人？"

　　这个陶望龄也很有才华，万历十七年（1589）中了进士，后来担任翰林院编修。他和袁宏道是知交，后来，在袁宏道的鼓励下，陶望龄花很大力气，将徐渭散佚的作品搜集整理，编成了长达三十卷的《徐文长集》。所以，我们后代能了解徐渭，了解这个痛苦的灵魂，这两位慧眼识珠的学者功不可没。他们喜欢徐文长的作品，就全心全意做这件事，这也是一段佳话。

　　袁宏道的《徐文长传》，写得非常棒。我们先来解释一下选文的内容。

　　文长在官场不得意，就放浪形骸，纵情山水，走遍了齐、鲁、燕、赵等地，又饱览了塞外大漠的风光。他所见的山峦起伏、海浪壁立、胡沙满天、乌云涌起、风雨交加、树木倒伏、幽谷闹市、奇人异士、珍稀鱼鸟……一切令人惊讶的情状，他都一一写入了诗中。他胸中郁结着强烈的不平之气和报国无门的悲愤，所以他的诗嬉笑怒骂，如水奔流出峡谷，如春芽破土，像寡妇深夜的哭声，像逆旅行客迎寒启程。虽然他诗作的格调有时不很高明，但是匠心独运，有王者之气，不是那种奴颜婢膝的文人的诗作所能赶得上的。徐文长在文章写作上有真知灼见，他的文章气势沉着、章法精严，他不压抑自己的才能，也不会因为议论而打断文章的思路，真是如韩愈、曾巩一流的文章大家。徐文长志趣高雅，不与时俗苟合，当时的所谓文坛领袖，他也都加以抨击，所以他的文字只局限在浙江一带，令人为之悲哀！

你看，这个笔力，这个语言，真是非常契合徐渭的。

袁宏道说徐渭观览世间万物，涤荡心胸，是这么形容的：

"其所见山奔海立，沙起云行，雨鸣树偃，幽谷大都，人物鱼鸟，一切可惊可愕之状，一一皆达之于诗。"

　　这就是说，徐渭的诗文，是有大境界的。虽然他住的房子特别小，但是他心中有大丘壑。我们去看绍兴的名人故居会发现，鲁迅、秋瑾、蔡元培住的都是大房子，只有徐渭住着几间东倒西歪的屋子，屋外种着一棵紫藤，壁间有一石碑，上面写着"漱藤阿"三个字，从中可以看出徐渭的眼界和胸怀，这决定了他创作的格局。

> "其胸中又有勃然不可磨灭之气，英雄失路、托足无门之悲，故其为诗，如嗔如笑，如水鸣峡，如种出土，如寡妇之夜哭、羁人之寒起。"

　　我读这几句，觉得其笔力跟苏轼的不相上下。就对徐渭的理解方面来说，真的没有人能超过袁宏道。就因为这样，阿老师也喜欢袁宏道。

　　徐渭的诗文，"如嗔如笑，如水鸣峡，如种出土，如寡妇之夜哭、羁人之寒起"，他写的诗像在发怒，又像在发笑，像水流在峡谷中奔流时发出的声音，像种子破土而出那么有力，又像寡妇在夜晚哭泣，又像羁旅之人，在寒冷的深夜起身出发……

　　关于徐渭，我们讲了《与马策之》，讲了他潦倒的一生，也许你还可以去读一读他的《自为墓志铭》。他还在世的时候，就给自己写墓志铭了。

奇怪的是，正史记载的这个穷困潦倒而又才华横溢的天才一般的人物，在绍兴民间的传说中，却是一个促狭、刁钻、滑稽多智的人。

在绍兴民间，流传着徐渭的很多故事，这些故事阿老师从小就听老人讲过，讲者津津乐道，听者意犹未尽。我也不知道，为什么命途多舛的徐渭在民间会变成一个滑稽多智的人。也许是劳动人民太喜欢徐渭了，便通过想象，编排了与徐渭有关的故事，使徐渭变成了一个像阿凡提一样的人，为民请命，智斗官府。

那么，阿老师就来跟大家讲一个我很小就听过的徐渭的故事吧，一个"山阴不管，会稽不收"的故事。

阿老师现在工作的地方，叫宽庭。从宽庭大门出去，十几步路远的地方，就有一条河，叫府河。这条河纵贯南北，贯穿整个绍兴城。以这条府河为界，绍兴曾被分为两个县，河西是山阴县境，河东是会稽县境。所以，尽管同处一城，世居小江桥北笔飞弄的蔡元培自称山阴人，世居都昌坊的鲁迅自称会稽人。不知道的人，还以为这两个人不在同一座城呢。

　　山阴、会稽两个县，以这条府河为界，两边各有县令。这条府河上有一座桥，叫利济桥。有一天，桥上出现了一具乞丐的尸体。因为这个乞丐死在两县的交界处，所以两县的县令，都不愿出面处理这具尸体。

　　徐渭知道这件事后，就写了一纸榜文，贴在桥上，榜文中写道："我要把这座利济桥给卖了。"

　　两县的县令知道这件事后，都很生气，便对他说："好你个徐渭，一个穷秀才，有什么权力卖桥？你好大的胆子。"徐文长说："桥上有一具乞丐的尸体，可是山阴县说不归他们管，会稽县也说不归他们管，可见这座桥自然既不属于你山阴县，也不属于你会稽县。所以我徐渭拥有这座桥的主权，我把这座桥卖掉，也是很合理的。"

　　两个县令理屈词穷，只好共同处理了乞丐的尸体。

　　像这样的斗智故事，在绍兴其实还有很多。限于篇幅，我就不一一讲述了。但是，阿老师还是没明白这一点：为什么一个命运坎坷的天才，在后代的传说中，却变成了一个喜闻乐见的喜剧人物？人们在传播徐渭的故事时，究竟发生了什么？如果有时间，阿老师也很想去研究一下徐渭这个人物形象的"变形记"呢。

第二十三讲
项脊轩志

项脊轩，旧南阁子也。室仅方丈，可容一人居。百年老屋，尘泥渗漉，雨泽下注；每移案，顾视无可置者。又北向，不能得日，日过午已昏。余稍为修葺，使不上漏。前辟四窗，垣墙周庭，以当南日，日影反照，室始洞然。又杂植兰桂竹木于庭，旧时栏楯，亦遂增胜。借书满架，偃仰啸歌，冥然兀坐，万籁有声；而庭阶寂寂，小鸟时来啄食，人至不去。三五之夜，明月半墙，桂影斑驳，风移影动，珊珊可爱。

（归有光《项脊轩志》选段）

　　阿老师曾自制一个谜语，谜面是"衣锦还乡。打一个明朝的文学家"。大家想一想谜底是什么？谜底就是归有光。"还乡"就是"归"，"衣锦"不就是"有光"吗？

　　归有光这个名字很神气，看上去就是做了官回乡的。这不就是衣锦还乡的感觉吗？虽然从格式上看不算工整，但也算有趣。

　　归有光生于 1507 年，卒于 1571 年，字熙甫，号震川，又号项脊生，是明朝中期的散文家。归有光比较推崇唐宋古文，散文的风格朴实无华，情感真挚，是明代唐宋派的代表人物。当时他就被称为"今之欧阳修"，也有后人称赞他的散文为"明文第一"。不过文无第一，武无第二，所谓的明文第一，也仅仅是一部分拥护他的人的说法，并不代表全部人的观点。

　　归有光的散文质朴可喜，我是很喜欢的，比如《项脊轩志》《寒花葬志》等，都是他的著名代表作。其中《项脊轩志》还曾经被选入高中的语文教材。项脊轩是归有光家的老房子，他青年时代曾经在这里读书学习，所以对这个房子感情很深。这里节选的是全文第一段，主要介绍了项脊轩这间房子的情形，以及作者青年时代在这里读书的经历。阿老师先把选文大致解释一遍：

项脊轩就是过去的南阁子，面积仅有一丈见方，只能容纳一个人住。这是一座百年的老屋，泥土都从上面渗漏下来，雨水也一直往下流。下雨的时候，我移动书桌，看看周围，都没有可以放桌子的地方。这个屋子是向北的，不能被阳光照到。过了中午，室内就很暗。我稍稍修理了一下，让它上面不漏雨；然后在前面又开了四扇窗子，在院子四周砌上围墙，用来挡住南面射过来的日光，日光反照，室内才明亮起来。我又在院子里随意地种上了兰花、桂花、竹子等草木，过去的那些栏杆也增加了新的光彩。家里的书摆满了书架，我仰头高声吟诵诗歌，有时又静静地独自端坐，听着大自然各种各样的声音。台阶之前静悄悄的，小鸟时不时地飞下来啄食，人走到面前，它也不飞走。十五的夜晚，明月高悬，照亮半截墙壁，桂树的影子交杂错落，微风吹过，影子晃动，非常可爱。

《项脊轩志》的全文，其实都很细碎，记录作者家庭的生活，在细碎的记录中，表达诚挚的感情。

我们所选内容的后半段，讲的是归有光年轻时在项脊轩读书的事。

"借书满架，偃仰啸歌，冥然兀坐，万籁有声；而庭阶寂寂，小鸟时来啄食，人至不去。"

这一段，都是小细节，有环境描写，也有动作描写，把一个人的孤独写得入木三分。其实，孤独是一件好事，因为学问都是在孤独当中做出来的，任何成就也都离不开孤独，读书人就该学会跟孤独相处。所以这一段，颇有动人之处。

"冥然兀坐，万籁有声；而庭阶寂寂，小鸟时来啄食。"

这几句写得非常有趣，也衬托了归有光的孤独自守。当然从另一个层面来讲，我们发现，归有光年轻时，读书似乎也很不用功。为什么？你看，他住在这个孤独的小院子里，目的就是一门心思去读书的，可是他偏要去看小鸟啄食。

我们知道，中国古人讲究"风声雨声读书声，声声入耳；家事国事天下事，事事关心"。但归有光，读书时居然关注小鸟！

我有漫长的在中学教书的经历。有一次上课的时候，教室里突然飞进来一只鸟，于是全班同学都起来去抓鸟。阿老师讲课其实也是很生动的，上课的时候经常会讲很多笑话，号称"中学界的郭德纲"。可是一只鸟飞过来了，再也没有人听阿老师讲课。阿老师竟还比不过一只鸟。后来我们全班同学表决通过，打开窗户让小鸟飞走了。

　　但这件事也让我们更加理解了归有光的《项脊轩志》。

　　《项脊轩志》中还有这样一段话：

　　　　轩东，故尝为厨，人往，从轩前过。余扃牖而居，久之，能以足音辨人。

　　这是什么意思？意思是说他一直锁着门在项脊轩里读书。家里的人从轩前面走过，过了一阵子他就能够从脚步声辨认这是谁了。作者把自己锁在项脊轩里有何用意？不就是为了闭门读书吗？但是他听人家走路的声音，听到能用足音辨人的程度，你说归有光专心不专心？

　　其实阿老师要讲一点：越是在文中描述这些细碎的事情，就越是见出归有光的勤奋专注。归有光恰恰在利用这些孤独，甚至享受这些孤独。只有孤独到极致，这些脚步声，这些鸟鸣声，才会显得那么可喜，对不对？所以，归有光写脚步声、鸟鸣声，其实起到了反衬的作用，让我们看出归有光读书的用功、勤奋和专注。

一个人总是在做同一件事情，会有倦怠感。读书多了会疲倦，看一会儿小鸟，听一听足音，这都是身心的自我调剂。一张一弛，文武之道，调整之后，他的学习就会更投入。

归有光这篇文章最漂亮的地方在哪里呢？就在于全文都是小事，是生活当中的"鸡毛蒜皮"，没有一点大道理，都是以小细节打动人，以朴素的情感打动人。

中国文学传统里，有一种"文以载道"的说法，就是说，文章是用来说明道理的。我们之前讲的文章，虽然阿老师挑了很多不太说教的，但还是摆脱不了"文以载道"的影子。像范仲淹的《岳阳楼记》，"先天下之忧而忧，后天下之乐而乐"，是很崇高的精神境界。这就是古人写文章的一个倾向。但是归有光笔下，全是生活琐事。然而恰恰是这些生活琐事，使得这篇文章有了特别多的人情味。这是一个有着正常的人类情感的作家写的，他的笔法都是白描、抒情，朴素自然，娓娓道来，真诚动人。这种内容和笔法，就是归有光不同于他所喜欢的"唐宋八大家"的独特之处。

最漂亮的是这篇文章的结尾，节选部分没选进去，大家可以自己去搜一搜全文。最后一句是这样的：

> 庭有枇杷树，吾妻死之年所手植也，今已亭亭如盖矣。

这句话的意思："院里有一棵枇杷树，是我妻子死的那一年亲手种植的，现在已经亭亭如盖了。"

从字面来看，这句话是说妻子已经去世好久了，作者看到这棵树，就会想到她。这句话在抒情上特别克制，却有一种异常强大的力量，直击人心。就像我们曾经读过的《世说新语》中桓温的一个故事，还记得吗？桓温看到自己种植的那棵柳树，说了句话："木犹如此，人何以堪。"人世间最真实的感慨，就在这些克制的表述里面。

第二十四讲
《陶庵梦忆》序

陶庵国破家亡，无所归止，披发入山，骇骇为野人。故旧见之，如毒药猛兽，愕窒不敢与接。作自挽诗，每欲引决，因《石匮书》未成，尚视息人世。然瓶粟屡罄，不能举火，始知首阳二老，直头饿死，不食周粟，还是后人妆点语也。

饥饿之余，好弄笔墨。因思昔日生长王谢，颇事豪华，今日罹此果报：以笠报颅，以蒉报踵，仇簪履也。以衲报裘，以苎报绤，仇轻暖也。以藿报肉，以粝报粻，仇甘旨也。以荐报床，以石报枕，仇温柔也。以绳报枢，以瓮报牖，仇爽垲也。以烟报目，以粪报鼻，仇香艳也。以途报足，以囊报肩，仇舆从也。种种罪案，从种种果报中见之。

鸡鸣枕上，夜气方回，因想余生平，繁华靡丽，过眼皆空，五十年来，总成一梦。今当黍熟黄粱，车旅蚁穴，当作如何消受。遥思往事，忆即书之，持向佛前，一一忏悔。不次岁月，异年谱也；不分门类，别志林也。偶拈一则，如游旧径，如见故人，城郭人民，翻用自喜，真所谓痴人前不得说梦矣。

昔有西陵脚夫为人担酒，失足破其瓮，念无以偿，痴坐伫想曰："得是梦便好！"一寒士乡试中式，方赴鹿鸣宴，恍然犹意非真，自啮其臂曰："莫是梦否？"一梦耳，惟恐其非梦，又惟恐其是梦，其为痴人则一也。

余今大梦将寤，犹事雕虫，又是一番梦呓。因叹慧业文人，名心难化，政如邯郸梦断，漏尽钟鸣，卢生遗表，犹思摹榻二王，以流传后世，则其名根一点，坚固如佛家舍利，劫火猛烈，犹烧之不失也。

（张岱《陶庵梦忆》选段）

关于张岱的生平，我们已经讲过。今天这篇选文，我们只讲文章本身，一句一句来讲。

> "陶庵国破家亡，无所归止，披发入山，骇骇为野人。"

"陶庵"是张岱的号，甲申国变，张岱说自己国破家亡，这是事实。他没有地方可去，就披散头发，跑到山里成为一个野人。这个"野人"不是现在的科幻电影或者世界未解之谜里的那种野人，而是远离家乡的乡野之人。张岱本来是贵族，住在城里，因国破家亡，无处可去，就成为乡野之人，所以说"骇骇为野人"。"骇骇"就是令人惊异的样子。

> "故旧见之，如毒药猛兽，愕窒不敢与接。"

"故旧"就是过去的朋友。这句的意思："老朋友们见到我，就像见到毒药和猛兽一样，惊讶害怕，不敢跟我见面，更不敢跟我来往。"

> "作自挽诗，每欲引决，因《石匮书》未成，尚视息人世。"

　　张岱写了一首自挽的诗歌，常常想自杀算了，但想到《石匮书》还没有写完，于是就在人世苟延残喘。这一点其实很有意思。我们之前也提到过甲申国变，很多士大夫自杀殉明；仅在绍兴一地，跟张岱熟识的朋友，就有好几个自杀了，比如蕺山书院的刘宗周绝食而死，说出"吾越乃报仇雪耻之国，非藏垢纳污之区也"（《让马瑶草》）的王思任也投水死了。张岱跟这些人都很熟，也都在明朝出仕，当过官。我想，这些人自杀殉国，对张岱一定也是有影响的。但我们不能就此判断究竟谁是谁非，不能说殉国的那些人就一定勇敢，而不殉国的人就胆小。其实，留在人世甚至可能比死更难。因为张岱不但要完成自己未竟的写作事业，还要忍受岁月的煎熬和良心的自我谴责。所以，这之后，他笔下的每一篇文章看起来都那么痛苦，那么煎熬，那么自暴自弃。

　　　"然瓶粟屡罄，不能举火，始知首阳二老，直头饿死，不食周粟，还是后人妆点语也。"

　　这里我们可以看到，张岱的痛苦就产生了——不单单是精神上的，最直接的还是物质上的。一个出生于显贵的书香世家的人开始挨饿了。"瓶粟屡罄"，"罄"就是空的意思，米缸经常是空的，无法生火做饭，他只好饿肚子。张岱这才知道，首阳山上的伯夷、叔齐一定是饿死的，说他们不愿吃周朝的粮食，这些都是后人夸张、粉饰过的话。这一点，那些饿过肚子的人，可能深有体会。

> "饥饿之余，好弄笔墨。因思昔日生长王谢，颇事豪华，今日罹此果报：以笠报颅，以篑报踵，仇簪履也。以衲报裘，以苎报绨，仇轻暖也。以藿报肉，以粝报粻，仇甘旨也。以荐报床，以石报枕，仇温柔也。以绳报枢，以甏报牖，仇爽垲也。以烟报目，以粪报鼻，仇香艳也。以途报足，以囊报肩，仇舆从也。种种罪案，从种种果报中见之。"

张岱饥饿之余还是喜欢写文章，于是就想到过去，自己生长在像王家或谢家那样的家庭里，一直过着很豪华的生活，现在却遭到了报应。"果报"就是因果报应，"罹"就是遭遇，"王谢"指的是魏晋时代王家和谢家两大家族。这两大家族一直都很有钱，张岱以为他们家也会一直这样，谁知道突然国家就灭亡了。他说自己戴上竹笠是对头的报应，穿草鞋是对脚的报应，这跟以前享用过的华美冠履相对；以穿衲衣作为穿皮裘的报应，以穿麻布衣服作为穿细葛布衣服的报应，这跟以前穿又轻又暖的衣服相对；以食豆叶作为食肉的报应，以食粗粮作为食精米的报应，这跟以前食可口饭菜相对；以睡草席作为睡温暖床褥的报应，以枕石块作为枕柔软枕头的报应，这跟温暖柔软的床铺相对；以用绳子为门轴作为有优良的户枢的报应，以用坛子口为窗作为有明亮的窗户的报应，这跟干燥高爽的居室相对；烟熏是对眼睛的报应，粪臭是对鼻子的报应，这跟以前的香艳享受相对；步行跋涉是对脚的报应，背负行囊是对肩膀的报应，这跟以前使用轿马仆役相对。以前的各种罪案，都可以从今天的各种因果报应中看到。

这一段其实特别有意思。有意思的地方不在于其铺陈排比，而在于文辞都是两两相对的。过去享受过多少，那么现在就要吃多少苦。我觉得，张岱在描述他遭受的苦难时，一点都没有抱怨，而是在悔恨，在赎罪，有非常深刻的认知，这一点跟鲁迅很像。鲁迅常称自己是"苟活者"，他活得很痛苦。鲁迅早年参加光复会，跟他一起反清革命的，很多都死了，那些人他都认识，像秋瑾、徐锡麟、陶成章，而他没死。所以他后来就作为"苟活者",写了很多很多的文章来纪念那些人。这跟张岱是不是很像呢？

"鸡鸣枕上，夜气方回，因想余生平，繁华靡丽，过眼皆空，五十年来，总成一梦。"

这两句的意思："在枕上听到鸡叫，心情刚刚平复。回想我的一生，繁华靡丽转眼之间化为乌有，五十年来，只不过是一场梦幻。"

"今当黍熟黄粱，车旅蚁穴，当作如何消受。遥思往事，忆即书之，持向佛前，一一忏悔。不次岁月，异年谱也；不分门类，别志林也。偶拈一则，如游旧径，如见故人，城郭人民，翻用自喜，真所谓痴人前不得说梦矣。"

这段话的意思："现在我应当从黄粱梦、南柯梦中醒来，这种日子应该怎样来受用？只能追想遥远的往事，一想到就写下来，拿到佛前一桩桩地忏悔。所写的事，不以年月先后为次序，不用写年份；也不分门别类，与志林相区别。偶尔拿出一则来看看，好像是在游览以前到过的地方，遇见了以前的朋友，虽说城郭依旧，人民已非，但我反而很高兴。我真可说是不能与之说梦的痴人了。"

这里的"黍熟黄粱，车旅蚁穴"是两个典故。前一个就是"黄粱一梦"的故事。有个读书人做了个美梦，梦中享尽荣华富贵，醒来后发现才过了一顿饭的时间。后一个就是"南柯一梦"的故事。广陵人淳于棼梦见被大槐安国国王招为驸马，当了南柯郡太守，历尽人生的穷通荣辱，突然就醒来了，发现自己在大槐树之下，而大槐安国就是树旁之蚁穴。这里真有对人生极大的感慨。

> "昔有西陵脚夫为人担酒，失足破其瓮，念无以偿，痴坐伫想曰：'得是梦便好！'一寒士乡试中式，方赴鹿鸣宴，恍然犹意非真，自啮其臂曰：'莫是梦否？'一梦耳，惟恐其非梦，又惟恐其是梦，其为痴人则一也。"

从前在西陵这个地方，有一个脚夫替人挑酒，不慎跌了一跤，把酒坛子打破了。他赔也赔不起，就长时间地呆坐在地上，在那儿想：如果这是个梦，那就好了。又有一个贫穷书生，他考取了举人，正在参加鹿鸣宴，恍恍惚惚间，还以为这不是真的，就咬了自己的手臂一口，说："别是做梦吧？"同样是对于梦，一个人恐怕现实不是梦，而另一个人又恐怕现实是梦。看来他们都是痴人。

这里说到了鹿鸣宴，什么叫鹿鸣宴？古时候，科举放榜后，那些新科举人和内外帘官等受邀赴宴，因宴会上要唱《诗经》中的《鹿鸣》这一篇，所以称其为鹿鸣宴。

> "余今大梦将寤，犹事雕虫，又是一番梦呓。因叹慧业文人，名心难化，政如邯郸梦断，漏尽钟鸣，卢生遗表，犹思摹榻二王，以流传后世，则其名根一点，坚固如佛家舍利，劫火猛烈，犹烧之不失也。"

这段话的意思："现在我的大梦就要醒了，我还在运用那个雕虫小技说梦话。因而，我感叹我们这些写文章的人，自己觉得是有智慧的人，其实好名之心难改。就像卢生（明代戏曲剧本《邯郸记》中的人物）临死时，在其遗表中还想让其摹拓二王的书法流传后世一样。因此，他们好名思想的根性，实在是像佛家舍利子那样坚固，就算用猛烈的劫火来烧它，也是烧不掉的。"

　　文章写完了，我们读到这里，读得柔肠百转，甚至"呜呼哀哉"。因为张岱这篇《陶庵梦忆》序通过梦境，写出了人生的境况和命运的无常，一唱三叹，余音绕梁。

　　我觉得，理解这篇文章，还需要我们生命的积淀。也许再过若干年，我们到了中老年再来读它，还能理解更多的深意。

第二十五讲
《夜航船》序

昔有一僧人，与一士子同宿夜航船。士子高谈阔论，僧畏慑，拳足而寝。僧人听其语有破绽，乃曰："请问相公，澹台灭明是一个人、两个人？"士子曰："是两个人。"僧曰："这等尧舜是一个人、两个人？"士子曰："自然是一个人！"僧乃笑曰："这等说起来，且待小僧伸伸脚。"

（张岱《夜航船》选段）

我们此前所选的张岱的文章，都给人以悲痛的感觉，这一讲选的这篇文章有所不同，相对比较轻松，甚至有点欢快。人的情绪是很丰富的，喜怒哀乐都会有，一个人不可能总是沉浸在巨大的悲痛里。欢乐因为稀少，会显得更为珍贵。

《夜航船》里的故事都很有意思。张岱在《夜航船》的序中说："天下学问，惟夜航船中最难对付。"什么叫夜航船？它一般是指江南地区城镇之间运载客人或者货物——有时候还代为传递信物——在夜间航行的船只。有时起点和终点之间距离较远，船需要航行一个晚上才会到达，于是各路旅客天南地北，互相不认识的，都在一个船舱里，晚上还得在一起睡觉，这就是夜航船的环境。

张岱认为，夜航船里的学问最大，这是有原因的。大家萍水相逢，杂七杂八在那里说话，彼此不知道底细，碰到学问大的在所难免。如张岱所说，"盖村夫俗子，其学问皆预先备办，如瀛洲十八学士、云台二十八将之类，稍差其姓名，辄掩口笑之"。大致的意思是，夜航船里的人会互相提问，被问到"瀛洲十八学士"是哪十八个人，"云台二十八将"是哪二十八个人，一定要说得上来，姓名略有差错，就会被大家嘲笑。这描写的应该是当时的真实生活场景。

我小时候喜欢读《水浒传》，当时有很多小朋友都喜欢读《水浒传》。《水浒传》里有一百零八将，他们各有外号。外号和姓名要能对上，还得按照顺序背出来，谁背得多谁就厉害，这是我们当时的游戏，跟这个"瀛洲十八学士"大致相似。

我大概念初一的时候，能背出一半，从"及时雨"宋公明开始，一直背下去。当时在我们班里，能背一半已经算是比较厉害的了，我也挺自得。后来我念大学，遇到一个大学同学兼宿舍舍友，在他面前败下阵来。一百零八将，他背个滚瓜烂熟，就连那些最不起眼的小角色后来是怎么死的，他都能信手拈来，让阿老师又惊奇又佩服。

尽管张岱说"云台二十八将""瀛洲十八学士"之类，"虽失记其姓名，实无害于学问文理"，但是在江南一带就是有这个风气。余姚在那时属于绍兴，余姚文风很盛，张岱是这么形容的：

> 后生小子，无不读书，及至二十无成，然后习为手艺。故凡百工贱业，其《性理》《纲鉴》，皆全部烂熟，偶问及一事，则人名、官爵、年号、地方，枚举之未尝少错。学问之富，真是两脚书橱，而其无益于文理考校，与彼目不识丁之人无以异也。

余姚这个地方，年轻晚辈没有不读书的，如果他们读到二十岁，还没有考到什么功名，就去学一门手艺，所以凡是百工之人，都是读过书的。

"百工"就是各种行业的工匠。那些人虽然是工匠，但二十岁之前都读过书，如《性理大全》《历史纲鉴补》之类的书，没有不烂熟于胸的，因为读过十多年嘛。偶尔问起他们一件事，那么相关人物的名字、官爵、家乡之类的，他们都能一一列举，没有人会弄错。他们知识丰富，就像长了两只脚的书橱，即我们平常所说的"两脚书橱"。但是在文理考校这些事情上，他们所知道的却没有什么帮助，因此跟那些目不识丁的人没什么区别。

这里阿老师解释一下"两脚书橱"。这个说法最早出自《南史》：

> 澄当世称为硕学，读《易》三年不解文义，欲撰《宋书》竟不成。王俭戏之曰："陆公，书橱也。"

这个陆澄，当时的人说他很博学，但他读《易经》，读了三年都不懂，想要写一部《宋书》，竟没有写出来。王俭就开玩笑说："陆澄就是一个书橱呀。"

张岱借用了书橱这个说法，在前面加上"两脚"

这个词作为修饰，主要是指知道各种知识，却不会思考的人，他们长了脚，但不会思考，所以跟书橱没有什么区别。

下面我们来讲节选部分的大意。

从前，有一个和尚跟一个读书人一起乘坐夜航船，大家要在一起睡通铺。"士子"就是读书人。古代人尊敬读书人，一开始士子高谈阔论，一船的人都只听他讲话，不敢吭声。和尚也很敬重读书人，便蜷缩在旁边，连脚都不敢伸直。听着听着，和尚就觉得有点不对劲了，他发现这个人说话有破绽。和尚故意试探他，于是就问他："请问相公，澹台灭明是一个人还是两个人呢？"

这位澹台灭明，其实还挺有名的，读过《论语》的人可能知道，他是孔子的弟子，"七十二圣贤"之一。他姓澹台，名灭明，字子羽，后来也成了教育家。这样说起来，对于读书人而言，这恐怕是个常识。因为古代的读书人，都是要读《论语》的。

但这位读书人怎么说？他说："澹台灭明，当然是两个人。"他大概以为这"两个人"一个叫澹台，一个叫灭明，他没想到澹台是个复姓。

和尚就又问："那么尧舜是一个人还是两个人呢？""尧舜"就是指唐尧和虞舜，上古时代的两位圣君。我们讲起古代圣君，就会列举尧、舜、禹、汤。"尧舜"明明是两个人，但是这位读书人却说是一个人。

和尚听完就笑了，他说："这样啊，就让我伸一伸脚吧。"之前他是蜷缩成一团睡的，现在他敢伸直脚了。

故事就这样结束了。在余姚这种江南之地，人们大都是先读书，二十岁考不到功名，才去从事百工之业，也有的出家当了和尚。所以这个地方有许多读书人。在晚明，江南也真是读书人满地走。一个读书人考不上功名，就去当和尚或者从事百工之业，而那些还在读书的人，看上去在从事一份高尚的事业，反倒不学无术，这是个极大的反讽。

那么张岱讲这个故事有何寓意？我总结了三点。

其一，求知本身是很快乐的，即使当个两脚书橱，但假如你能说出"瀛洲十八学士""水浒一百零八将"，那也是很快乐的。所以在夜航船里总是有很多欢乐。当然你要是能学会独立思考，这种欢乐就更加高级了。

其二，当时那个时代，读书人是受到普遍尊重的。你看和尚，他先是尊敬这位士子，不敢伸脚；接着，发现读书人有破绽，胆子就大起来；最后他说"且待小僧伸伸脚"。过程一波三折，但这里其实包含着对知识的尊重。

其三，张岱很以自己家乡的读书氛围为荣。确实，江南这个地方，物产丰饶，人杰地灵，读书氛围浓厚。我们的古文课讲到现在，大家就知道了，江苏、浙江一带，越到宋、明以后，文人就越多。大家有时间可以去游览环太湖流域的一些城市，比如苏州、无锡、常州、绍兴等，看看那些城市的博物馆，就会了解那里出过的状元、进士，数量之多，保准会让你大吃一惊。

在张岱的时代，《夜航船》其实就是一部百科全书，但是我们知道，知识需要时时更新。到了现在，即便你读完《夜航船》，也不能说你是百科知识式的学者，因为知识的增长是呈几何级数的。那个时候的知识量，跟我们当下已经没有办法相提并论了。所以，在当下，我们如何才能够伸一伸脚，"睡得更舒适一点"呢？大概只有一个办法，就是善于学习，持续不断地学习，终身学习。

第二十六讲
《明夷待访录》序

　　冬十月，雨窗削笔，喟然而叹曰：昔王冕仿《周礼》著书一卷，自谓"吾未即死，持此以遇明主，伊、吕事业，不难致也"，终不得少试以死。冕之书未得见，其可致治与否，固未可知。然乱运未终，亦何能为"大壮"之交！吾虽老矣，如箕子之见访，或庶几焉。岂因"夷之初旦，明而未融"，遂秘其言也！

　　　　　　　　　　（黄宗羲《明夷待访录》选段）

　　明末，有节操的汉人知识分子不愿意臣服于异族，一般会有几种不同的人生选择：自杀殉国的有之，如刘宗周、王思任；苟活以完成未竟之事业的有之，如张岱；也有投笔从戎、奋起反抗的豪杰之士。

今天要讲的黄宗羲，就是这样一个身体力行、知行合一的豪杰，他毁家纾难，投奔到抗清大业中，追随当时的领袖张煌言。张煌言兵败被杀之后，他变换姓名，回到家乡隐居，致力于著书立说。

黄宗羲，浙江余姚人，出生于书香门第。传说黄宗羲出生前，母亲姚氏曾经梦见一只麒麟进入她的怀里，所以黄宗羲的乳名叫作麟儿。中国古代有这种说法：孩子降生前，如果长辈梦见麒麟，那么这孩子将来肯定很了不起。所以一般人家生了个男孩，我们表示祝贺，客气一点，都会说"喜得麟儿"。黄宗羲乳名为麟儿，后来果然也很了不起。

他拜在浙东学界领袖刘宗周的门下。刘宗周是明代最后一位儒学大师，因讲学于绍兴的蕺山，世称"蕺山先生"。名师出高徒，日后黄宗羲也成了一个响当当的人物，和顾炎武、王夫之并称为明末清初三大思想家。

黄宗羲的父亲叫黄尊素，万历（1573—1620）年间的进士，天启（1621—1627）年间担任御史，是东林党人，因为弹劾魏忠贤而被削职归籍，不久又陷于牢狱之中，同时被抓的还有高攀龙、周顺昌等六人。文学家张溥的《五人墓碑记》，就是根据这件事情写的。天启六年（1626），黄尊素在狱中自杀，年仅43岁。

黄尊素自杀时，黄宗羲的祖父还健在，白发人送黑发人，心中悲痛万分，于是他在墙上写下了这样的一行字——"尔忘勾践杀尔父乎"。祖父这是在告诫黄宗羲，一定要为父申冤，报仇雪恨。黄尊素遇害的第二年，明熹宗朱由校去世，他的弟弟朱由检即位，是为崇祯帝。崇祯帝一上台就为含冤而死的东林党人平反，魏忠贤畏罪自杀，余党作鸟兽散。于是，年仅十九岁的黄宗羲进京替父申冤，上书请诛许显纯、崔应元等余孽，他们都是谋害东林六君子的直接凶手。刑部提审许显纯、崔应元等人，黄宗羲应邀出庭作证。血气方刚的黄宗羲出庭之前，在袖子里暗暗地藏了一把铁锥，他要直接动手，为父报仇。刑部审理的时候，面对杀父仇人，黄宗羲趁人不备，说时迟，那时快，抽出暗藏的铁锥，快步上前往许显纯身上猛刺，许显纯就被刺得浑身流血。随后，黄宗羲又拉住崔应元把他打了一顿，还拔下他的胡须，带到父亲的陵墓前祭奠。

黄宗羲大闹刑部衙门的事情，传遍天下，人们交口称赞，称他为"姚江黄孝子"，崇祯皇帝也称他是"忠臣孤子"。当然就我们现在来看，在审案现场施暴，是不合法的，不过那是在好几百年以前的事了。

1645 年清军攻占杭州，刘宗周绝食自杀，这件事情深深地触动了黄宗羲。于是黄宗羲就跟弟弟黄宗炎一起变卖家产，招募义兵数百，建立"世忠营"，投奔鲁王朱以海。到 1646 年兵败，他们就退入四明山中，后来还跑到日本去请求援兵，但最终没有成功。

《明夷待访录》成书于公元 1663 年，"明夷"是周易当中的一卦，卦辞是这么说的："明夷于飞，垂其翼。君子于行，三日不食。有攸往，主人有言。"黄宗羲所说的"明夷"，是指有智慧的人处在患难之中；"待访"就是等待后代明君来拜访。

这部《明夷待访录》，其实应该算政治哲学著作，诞生于明清之际，对君主专制提出了质疑，是一部具有启蒙性质、批判君主专制、呼唤民主政体的名著，在中国思想史上地位颇高。

黄宗羲对历史有一种深刻反思，他总结了秦汉以来，特别是明代的历史教训，提出"天下为主，君为客"等一系列超前于那个时代的民主思想，对后代产生了很大的影响，被梁启超称为"人类文化之一高贵产品"。

比如在《原君》这一篇里，他批判社会现实，认为国君"以我之大私为天下之大公"，实乃"为天下之大害"，这个说法是极为大胆的。因为他直接指出，皇帝是天下的大害。在君主专制的时代，这么说无疑如石破天惊。但也就是在那个时代，因为山河破碎，逼迫知识分子重新思考，所以黄宗羲才会有这样超前的想法。

不止黄宗羲一人，当时的顾炎武、王夫之等人，也提出了超越前人的思想洞见。这是一个历史上的晦暗时代，却可能是思想史上的高光时刻。因为创巨痛深，所以反思才有切肤之感，思想之光才能穿透黑夜的阴霾，其光芒一直照亮，直到晚清的时代。

戊戌变法时期，黄宗羲的著作对康有为、梁启超、谭嗣同等人的思想影响深远。梁启超曾经说："梨洲有一部怪书，名曰《明夷待访录》。这部书是他的政治理想。从今日青年眼光看去，虽像平平无奇，但三百年前——卢骚《民约论》[①]出世前数十年，有这等议论，不能不算人类文化之一高贵产品。"（《中国近三百年学术史》）当然，归根到底，黄宗羲的思想还是逃不出孟子"民贵君轻"的民本思想，跟发端于西方的现代民主

① 卢骚即卢梭的旧译，《民约论》今通译为《社会契约论》。

173

制度还是有区别的。

我们今天讲的这一段，选自《明夷待访录》的前言。现在我们来理解一下大意。

冬天十月份，下雨的夜晚，黄宗羲在窗下写作，突然十分感慨，于是就想起了王冕的故事。王冕仿照《周礼》写了一部书，说："我如果不马上死，用这本书就可以建立像伊、吕一样的事业，得到像他们一样的高位。"伊、吕"指的是伊尹和吕尚。商朝的时候，伊尹辅佐商汤，西周的时候，吕尚辅佐周武王，他们都有开国之大功。后来"伊、吕"泛指辅弼之臣。

最终还没有遇到圣明的君主，王冕就死了。王冕的书黄宗羲没有读过，他不知道遵照这个书里面的规划，天下会不会大治，会不会太平。然而天下大乱的运数还没有结束，什么时候能够出现像"大壮"这一卦一样的盛运呢？这个"大壮"是《周易》六十四卦里的一卦，是阳刚长盛之象。最后，黄宗羲感慨："我虽然老啦，但是像箕子一样被拜访，也许也还是有可能的。怎能因为'太阳刚刚升起，尚未普照大地'就隐藏自己的言论呢？"

所以这本书就叫《明夷待访录》了。这里暗含了黄宗羲撰写这部书的心境。他不忍心看到中国的历史现象，长久地像这样循环下去。中国的历史，向来是一治一乱，但黄宗羲觉得，如果政治体制设计好了，也许就能长久太平。这里包含了黄宗羲的写作意图。

同时代的顾炎武说："天下兴亡，匹夫有责。"（《日知录》）这句话可以说也准确地描述了黄宗羲的心境。

第二十七讲
登泰山记

戊申晦，五鼓，与子颖坐日观亭，待日出。大风扬积雪击面。亭东自足下皆云漫。稍见云中白若樗蒱数十立者，山也。极天云一线异色，须史成五采。日上，正赤如丹，下有红光动摇承之，或曰，此东海也。回视日观以西峰，或得日或否，绛皓驳色，而皆若偻。

（姚鼐《登泰山记》选段）

姚鼐生活在乾隆（1736—1796）年间，安徽桐城人、散文家，与方苞、刘大櫆并称为"桐城派三祖"。桐城派在那个时代很有名，影响清代文坛两百多年。姚鼐在方苞重义理、刘大櫆重辞章的基础上，提出义理、考据、辞章三者不可偏废，发展和完善了桐城派文论。

就算是在近代，桐城派还是很有影响力。我们讲过的曾国藩就深受桐城派的影响，近代著名翻译家、小说家林纾也是桐城派干将。

阿老师讲写作，有的时候也用到义理、考据、辞章这三个词语。当然现在也只是比拟而已，跟姚鼐他们所指已经大不一样了。比如桐城派讲究的义理一般指的是儒家的正统思想，而阿老师说一篇文章要有义理，这个"义理"是指一个主题思想，就是作者想要表达的思想。

姚鼐中进士之后，开始了八年仕途，后来参与《四库全书》的编写，跟戴震、纪晓岚等人一起工作。可能因与别人的学术观点不太一样，姚鼐在公元1774年辞官归家。在路上，他经过山东泰安，和泰安知府朱孝纯从南边的山脚登山，最终他们登顶泰山看了日出。

泰山，一直以来都是读书人必到之地，因为孟子曾说："孔子登东山而小鲁，登泰山而小天下。"（《孟子》）在中国的文化史上，泰山是一个特殊的存在，地位很高。而且，历代帝王大都喜欢去泰山封禅——他们将东岳泰山看成是神圣之地——好像这个典礼一办过，他们统治的合法性就增强了一样。

历代的文人墨客也在泰山上留下了足迹，留下了不少诗篇。"诗仙"李白曾在泰山看过日出，写下了《游泰山六首》，其中第四首写道：

> 攀崖上日观，伏槛窥东溟。
>
> 海色动远山，天鸡已先鸣。

从这几句诗，我们可以猜测李白去了日观亭，也登上了日观峰。在此处看日出，是泰山一景。

不过关于泰山的最著名的诗歌，应该数杜甫的《望岳》（尽管杜甫只是望了一下而已，没有上去）：

> 岱宗夫如何？齐鲁青未了。
>
> 造化钟神秀，阴阳割昏晓。
>
> 荡胸生曾云，决眦入归鸟。
>
> 会当凌绝顶，一览众山小。

金庸的小说《笑傲江湖》里有个泰山派，他们属于五岳剑派之一。泰山派最厉害的一招剑法"岱宗如何"，就是化用了杜甫的这首诗歌。从金庸的小说，我们可知他是读过很多古典文学的。

历代描写泰山的作品不胜枚举，但姚鼐这篇《登泰山记》放在这里，也丝毫不逊色。因为其语言干净洗练，描写精当，历来被看作散文名篇，具有桐城派文章特色。

这里节选的是《登泰山记》的第四段，是正面描写泰山日出的部分。这一节的描写精彩绝伦，历来为人们所称道。我们先来解释一下。

> "戊申晦，五鼓，与子颍坐日观亭，待日出。"

"戊申晦""五鼓"，说的是时间。"戊申"是天干地支的记日法；每个月的最后一天叫"晦"。"戊申晦"即戊申这一天恰好是这个月的月末。"五鼓"就是五更。从时间上来排列，我们会发现，这一天恰好是公元1774年的腊月二十九，因为这一年的腊月只有29天，所以这一天就是除夕。姚鼐和他的朋友朱孝纯一起在山顶看日出，正好是除夕这一天，这是很有纪念意义的。

> "大风扬积雪击面。亭东自足下皆云漫。稍见云中白若樗蒱数十立者，山也。"

大风扬起，积雪直接扑到他们的脸上。亭子的东面从脚下开始全是弥漫的云雾。"稍"，就是隐隐约约的意思。他们不久就隐约看到云海里有白色的，像樗蒱一样立在那里的是山峰。樗蒱是古代的一种博戏，这里指樗蒱所用的掷具，长形而末端尖锐，立起来像山峰。

> "极天云一线异色，须臾成五采。日上，正赤如丹，下有红光动摇承之，或曰，此东海也。回视日观以西峰，或得日或否，绛皓驳色，而皆若偻。"

在天的尽头，云彩形成了一条线，呈现出奇异的颜色，一会儿又变化出五颜六色。这一句是在讲朝霞。过了一会儿，太阳升起来了，颜色是纯正的红色，就像朱砂一样，这就是"正赤如丹"。下面红光晃动摇荡，衬托着它。有人说："这就是东海。"回首观望日观峰以西的山峰，有的被太阳光照到了，有的没有被照到，或红或白，颜色错杂，都像弯腰屈背、鞠躬致敬的样子。

《登泰山记》语言简练而形象，全文不足五百字，非常直接，非常干净。有论者说，这篇文章几乎做到了篇无冗句、句无冗字，就是说连一个多余的字都没有。这么说一点也不夸张。比如你看姚鼐正面描写泰山日出，就这一句话："日上，正赤如丹，下有红光动摇承之。"

这是直接写朝阳的。日出时周边的景色，则是这么写的："回视日观以西峰，或得日或否，绛皓驳色，而皆若偻。"你看"或得日或否"五个字简简单单，干脆爽快，把周边景色都描绘出来了。这是非常高明的写法。

整篇文章基本上是以短句为主，偶有长句，简洁爽朗，不局促，又很形象。文章里也有很多优美的句子，在未被选入的语段中有这一句，"苍山负雪，明烛天南"，将泰山夕照写得形神俱佳。

对于我们现代人来说，这篇尽管是文言文，但值得学习的地方颇多，文章最高明的有两点：第一点是写作条理非常清晰，从登泰山开始，交代泰山的地理位置，到最后的点染，叙述完整。第二点是语言简练。我们不要以为写景一定要写得色彩斑斓，丰富多彩。无论何时，简练都是一种美德。

最后我们还要说一下姚鼐这个人。他辞官以后，专注于学术和教育，后半辈子到处讲学，把桐城派发扬光大，并且选编了《古文辞类纂》，选文七百余篇。这是现代流传很广、影响深远的一部古文选本。阿老师讲古文课，在撰写讲稿时，从选篇到评价，也参考了这本《古文辞类纂》。

第二十八讲
芙蕖

芙蕖与草本诸花，似觉稍异，然有根无树，一岁一生，其性同也。《谱》云："产于水者曰草芙蓉，产于陆者曰旱莲。"则谓非草本不得矣。予夏季倚此为命者，非故效颦于茂叔，而袭成说于前人也。以芙蕖之可人，其事不一而足，请备述之。

群葩当令时，只在花开之数日，前此后此，皆属过而不问之秋矣，芙蕖则不然。自荷钱出水之日，便为点缀绿波，及其劲叶既生，则又日高一日，日上日妍，有风既作飘飖之态，无风亦呈袅娜之姿，是我于花之未开，先享无穷逸致矣。迨至菡萏成花，娇姿欲滴，后先相继，自夏徂秋，此时在花为分内之事，在人为应得之资者也。及花之既谢，亦可告无罪于主人矣，乃复蒂下生莲，莲中结实，亭亭独立，犹似未开之花，与翠叶并擎，不至白露为霜，而能事不已。

此皆言其可目者也。可鼻则有荷叶之清香，荷花之异馥，避暑而暑为之退，纳凉而凉逐之生。

至其可人之口者，则莲实与藕，皆并列盘餐，而互芬齿颊者也。

只有霜中败叶，零落难堪，似成弃物矣，乃摘而藏之，又备经年裹物之用。

是芙蕖也者，无一时一刻，不适耳目之观；无一物一丝，不备家常之用者也。有五谷之实，而不有其名；兼百花之长，而各去其短。种植之利，有大于此者乎？

予四命之中，此命为最。无如酷好一生，竟不得半亩方塘，为安身立命之地；仅凿斗大一池，植数茎以塞责，又时病其漏，望天乞水以救之。殆所谓不善养生，而草菅其命者哉。

（李渔《闲情偶寄》选段）

写莲花的千古名文，不出周敦颐的《爱莲说》，说到关于莲花的古文名句，绝大多数朋友都会想到其中的"出淤泥而不染，濯清涟而不妖"。当然，写莲花的古文事实上不止这么一篇，只是这篇文章写得太好，把别的文章的光芒盖住了。我们今天要讲的李渔的这一篇就很有特色，完全不输周敦颐的《爱莲说》。

李渔生活在明清之交，万历三十九年（1611）生于南直隶雉皋（今江苏如皋）。但是他的老家在浙江兰溪，后来他还曾定居杭州和南京，在两地都留下了足迹，现在两地都有关于他的遗址可以游览。

李渔一生没有获得什么功名，他大概是历史上很少见的，以文学和艺术创作为生的文人。或者可以这么说，他是比较早的自由撰稿人，靠写戏剧、小说、通俗读物为生。这在当时是非常罕见的一个选择。

我们之前说过，古代的读书人基本上只有一条出路，就是"学成文武艺，货与帝王家"。但是李渔不乐仕进，以卖文为生。当然这也得益于一点，就是在明清时代，伴随着生产力的发展、工商业的繁荣，出现了一些颇具规模的城市，其中的市民阶层有着广泛的文化消费的需求。

我们发现明清之际，是中国小说的繁荣时期，而小说的主要消费群体，就是市民阶层，所以在当时出现了数量众多的小说，四大古典名著就是出自这个时期。

我小的时候就读过李渔的文章，那时，我的外祖父有几本古书，我记忆深刻的有两本：一本是《古文观止》，一本则是《笠翁对韵》。

《笠翁对韵》就是李渔的作品，这是一本韵书，专门讲怎么写对联，是学习写诗歌的初级教材。笠翁是李渔的号，但是对童年时的我而言，还是李渔这个名字更好记。因为我每次看到这个名字，就想起一种鱼，就是我们常见的鲤鱼。这种鱼我们在餐桌上经常会吃到，属于淡水鱼，味美而多刺，可以红烧，也可以清蒸。那时我心里就想：一个大文学家，名字居然叫李渔，真有趣。

李渔一生著述大约有 500 多万字。今天我们讲的《闲情偶寄》是李渔重要的著作之一，内容包括戏曲理论、饮食、营造、园艺、养生等。所谓闲情，就是没有什么特别具体用处的东西，比如说怎么养花、怎么做菜、怎么设计营造园林景观之类的。

有一本书叫《有闲阶级论》，它的作者是凡勃伦，书中有一个观点：越是没有实际使用价值的东西或者物品，越表明了使用它的主人有闲和有钱。因此我们可以把《闲情偶寄》看成是有闲阶层写的、没有什么实用价值的东西。

但是这本书却被林语堂称道。林语堂在《吾国与吾民》一书中，给了《闲情偶寄》很高的评价，他认为该书是中国人生活艺术的指南，是古代生活艺术大全。

我们先来把这篇文章的大意说一下。

芙蕖和草本的花卉好像稍有不同，然而它只有根茎没有树干，是一年生的植物，这些性质和草本的花卉是相同的。《花谱》这本书里说："在水里生长的叫草芙蓉，在陆地上生长的叫旱莲。"这就不能说芙蕖不是草本了。"我"爱芙蕖，夏天以芙蕖为命，不是故意效仿周敦颐，重复前人早已经说过的话，而是因为芙蕖适合人的心意，它的长处不是一两点就可以讲完的。请容"我"一一说来。

花的最佳观赏时期只在花开的那几天，在这前、后都属于无人问津的时间。芙蕖却不是这样。自从荷钱出水的那一天，它就把池水点缀得一片碧绿，等到茎和叶子都长出来的时候，芙蕖就一天天地高起来，一天天地美丽起来，有风时显现出飘动摇摆的姿态，无风时就呈现出轻盈柔美的样子。这样，人们在花还没有开的时候，就先享受了它那无穷的逸致情趣。等到花苞绽放，姿态娇嫩，简直像要滴水那样时，花儿相继开放，从夏天一直开到秋天。这对于芙蕖来说，只是它的本性，但是对于人来说，就是应该得到的享受了。等到花朵凋谢，它已经尽职尽责了，完全可以无愧于主人。但是，它又在花蒂下生出莲蓬，莲蓬中结了果实，一枝枝亭亭玉立，就像还没有开放的花朵一样，和翠绿的叶子一起挺立在水面上。不到白露下霜的时候，它就不会停止展示自己的特长。

以上说的都是它适合用眼观赏的景致，至于它适合用鼻子享受的地方，则有荷叶的清香，以及荷花特异的香气。用它来避暑，暑气就会因为它而减退；用它来纳凉，凉气就会随之而生。

至于它适合品尝的地方，就是莲子和莲藕了。它们都可以被放到餐盘里面一并摆上餐桌，使人满口生香。

只有霜打后枯萎的荷叶七零八落，好像成了被遗弃的废物，但是把它们摘下来，又可以常年保存，用来裹东西。

这样看来，芙蕖这种植物没有一时一刻不适于人的耳朵和眼睛享受，没有哪个部分不适于家常使用的。它有五谷的实质，而不占有五谷的名分；集中了百花的长处，而去除了它们的短处。关于种植的好处，难道还有比它更大的吗？

"我"的四条命之中，以芙蕖最为宝贵。可惜，"我"酷爱一生，却不能得到半亩方塘来作为它的容身之处，只是挖了一个小小的水池，种了几株来安慰自己，还经常因为池塘漏水而忧虑，只能祈求上天降雨来拯救它。这大概就是人们所说的不善于养花，而使它的生命如野草一般低贱吧。

这篇文章的大意讲完了，那么它好在哪里呢？

首先，这篇文章文辞轻妙，优美动人，警句迭出，令人过目不忘。比如"日高一日，日上日妍，有风既作飘飖之态，无风亦呈袅娜之姿"，这些句子，读一遍，我们就记住了。再比如"迨至菡萏成花，娇姿欲滴，后先相继，自夏徂秋"，也是如此。"菡萏"是荷花的别名，南唐皇帝李璟著名的词句"菡萏香销翠叶残，西风愁起绿波间"（《摊破浣溪沙》），写的就是荷花。"自夏徂秋"中的"徂"就是"到"的意思。"迨至菡萏成花，娇姿欲滴，后先相继，自夏徂秋"的意思是说，荷花自从开放之后，从夏天到秋天一直都是优美的景致。

其次，李渔跟周敦颐显著的不同点是，周敦颐在描写荷花的时候，把荷花人格化了，把荷花当成君子的象征，有高尚的操守，如"可远观而不可亵玩焉"。我们知道，这些品质并不是荷花本身所具有的，而是周敦颐把自己的情感投射到了荷花的身上，让荷花具有这样一种高贵的品质。这是一种人格化的写法。而李渔就是把荷花当作荷花本身，单纯是在描写一个美好的事物。仅是荷花本身的生命之美、姿态之美、日常之美，难道还不令我们喜欢和赞叹吗？

最后，李渔还列举了荷花的种种实用价值，比如莲子和藕是极好的、美味的食物。你如果来到江浙一带，夏末秋初，天气还十分炎热，吃上一盘碧绿的冰莲子，便顿生清凉之感。藕就更不用说了，它有各种各样的吃法。比如武汉有一道名菜"藕汤"，浙江有一道菜，叫"荷塘月色"，其中最重要的两种食材就是藕片和百合，浙江还有一道"蜜糖桂花藕粉"，想起来就让人舌底生津。至于荷叶，也时常被用来包裹各种食材。我老家的一种小笼包子，用小小的蒸笼来盛，很好吃。垫在这个蒸笼的底部，上面放包子的东西，就是一层老荷叶。这样的包子会带有一股荷叶的清香。

当然李渔是一个雅人，他有自己的喜好。在《闲情偶寄》中，他曾说"予有四命，各司一时：春以水仙、兰花为命，夏以莲为命，秋以秋海棠为命，冬以蜡梅为命"。他说他有四条命，各自主管一个季节。春天他以水仙和兰花为命，夏天以莲为命，秋天以秋海棠为命，冬天以蜡梅为命。这当然有点夸张，却也能看出李渔爱花如命。阿老师也爱花，尤其是荷花，如果夏天你不曾看过荷花的绰约风姿，恐怕这个夏天也就白过了。即便到了深秋，荷也可以给你"留得枯荷听雨声"（李商隐《宿骆氏亭寄怀崔雍崔衮》）的意境。

我们即便不是像李渔一样的雅士，也会感激大自然对人类的馈赠。芙蕖，就是大自然给予唯一有着审美情怀的智慧生物的人类的无穷馈赠。

第二十九讲
袁枚食单

　　海蝘，宁波小鱼也，味同虾米，以之蒸蛋，甚佳。作小菜，亦可。

（袁枚《随园食单》选段）

　　海蝘，是一种产于宁波的小鱼，味道跟虾米有点像，用它来蒸蛋，味道很好，用它来做小菜也可以。

　　读完《随园食单》里的这篇，阿老师不由得高兴起来。因为我们家里的蒸蛋，就是把鸡蛋搅匀，加点作料，在锅里蒸的那种"懒人菜"，原来袁枚也写过。

　　菜虫（阿老师对孩子的昵称）的妈妈喜欢吃小海鲜，喜欢在蒸蛋里放一点作料，比如海蝘——现在一般写作"海蜒"。开始我并不知道，一直以为那是虾米。蒸蛋里面放虾米，不也是很对的吗？而且袁枚也说海蜒味同虾米，但是菜虫的妈妈就否定我，说那不是虾米，是海蜒。

我仔细观察，发现这种东西确实不是虾米，是一种很小很小的鱼，也就是海蜒。海蜒这种小鱼，其实就是鳀鱼，产于海里。阿老师的家乡不在海边，之前从来没见过这种鱼。当然这也是可以原谅的，阿老师的家乡介于丘陵和平原之间，有河流，有山脉，但没有海。

后来，我看到《随园食单》中描写海蜒的选段，不禁哑然失笑。袁枚描写食物非常形象，吃什么、怎么吃，都写得很具体。他能吃出美味，吃出新意，可见这是一个有趣的人。明清之际，这样有趣的、个性鲜明的人还有很多，比如我们讲过的金圣叹、李渔、沈复。

大概是 2019 年年初，我的一个朋友去参加了中央电视台的一个节目，在节目里弹吉他、唱民谣。他唱的歌词里有这么一句："苔花如米小，也学牡丹开。"这句诗随着节目的爆红，一下子就广为人知。这句诗的原作者就是袁枚，它出自《苔》，全诗是这样的：

> 白日不到处，青春恰自来。
> 苔花如米小，也学牡丹开。

袁枚是浙江杭州人，生活在公元 1716 年到公元 1798 年，是清朝很有代表性的诗人、散文家和美食家。

袁枚少有才名，公元 1739 年进士及第，后来一直在江苏的一些县里当县令，前后大概有七年，为官颇有声望，但是仕途不顺，没有继续升官。公元 1749 年，他就辞官隐居了，住到南京小仓山一个叫随园的地方，一直到去世，后人就把他称为"随园先生"。

袁枚在文学史上比较出名的一点，就是在《随园诗话》中提出了"性灵说"。但我们今天主要不是说诗，而是聊聊"舌尖上的袁枚"。中国有句古话，叫"民以食为天"，吃不饱，人民就不开心。袁枚生活的时代，号称"康乾盛世"。这个时代，两极分化比较严重，普通人民过着很困苦的生活，但是上流社会的物质丰裕程度已经很夸张了，有时候甚至会达到奢侈靡费的程度。我们读文学，可以进行文本互证，比如《红楼梦》这部小说描写的时代，跟袁枚的时代大致相近，我们可以看到，贾府家宴的菜肴，刘姥姥见都没见过。

袁枚自小家境不错，又善于经营，又热爱生活，自然也就成了一个讲究精致的美食家。《随园食单》用了大量的篇幅，详细记述了中国 14 世纪到 18 世纪流行的

300多种南北菜肴，也介绍了当时的美酒和名茶，是一部非常重要的饮食名著。

其实，饮食是很有趣的。有部纪录片叫《舌尖上的中国》，一经推出就成了当年的热播节目。据说上了这个节目的美食，后来都非常出名，而观众一般都会表示：看饿了！

袁枚这部《随园食单》本身也是趣味横生，读起来令人兴味盎然。书中写的第一个单子叫"须知单"，讲做菜须知。袁枚认为"学问之道，先知而后行，饮食亦然"，于是就写了"须知单"。第二条须知，事关作料：

> 厨者之作料，如妇人之衣服首饰也。虽有天姿，虽善涂抹，而敝衣蓝缕，西子亦难以为容。善烹调者，酱用伏酱，先尝甘否；油用香油，须审生熟；酒用酒酿，应去糟粕；醋用米醋，须求清冽。且酱有清浓之分，油有荤素之别，酒有酸甜之异，醋有陈新之殊，不可丝毫错误。其他葱、椒、姜、桂、糖、盐，虽用之不多，而俱宜选择上品。苏州店卖秋油，有上、中、下三等。镇江醋颜色虽佳，

味不甚酸，失醋之本旨矣。以板浦醋为第一，浦口醋次之。

这段话的意思：厨师的作料，就像妇人的衣服首饰一样。即使有美好的姿容，即使善于化妆，但如果只是用很不好看的粗糙的衣服，那么西施也不会显得很漂亮的。善于烹调的人，如果酱料用的是伏酱，那先要尝一尝甜不甜。伏酱，"伏"指的是三伏，伏酱即三伏天做的酱。用香油必须先分清它是生的还是熟的。用料酒就要用酒酿，应该去掉酒糟。使用米醋呢，需要追求清冽。更何况酱油有清浓之分，油有荤油和素油之分，酒有偏酸和偏甜的差异，醋有新醋和陈醋的不同，不可以有丝毫的差错。其他的，比如葱、椒、姜、桂、糖、盐，虽然用得不多，但都应该选用上等的品质。苏州的店里卖的秋油，也有上、中、下三等。镇江出产的醋，颜色虽然很好，但是味道不怎么酸，失去了醋的本意了。板浦的醋最好，浦口的醋次之。

像这样的片段还有很多，读来一则可以长知识，二则可以提升我们的烹饪水平，一饱自己的口福。

可惜的是，"海鲜单"的这一节里列举的海鲜太少，我怀疑那个时候因为运输还不够方便，尤其是冷链运输不像现在这么发达，所以袁枚尽管住在交通相对便利的南京，了解的海鲜却不是很多，在海鲜的食单里只列举了九样而已。

当然海鲜虽好，我们也不可太过贪图口腹之欲，以平常心对待就可以了。因为我们还有更高的乐趣，它们可能比饮食的乐趣更有乐趣，比如思想的乐趣、审美的乐趣等。

第三十讲
下饭

> 二子午餐，问父用何物下饭，父曰："古人望梅止渴，可将壁上挂的腌鱼，望一望吃一口，这就是下饭了。"二子依法行之。忽小者叫云："阿哥多看了一眼。"父曰："咸杀了他。"
>
> 《笑林广记》选段

今天是"笑话时间"，我们先来讲一个"下饭"的笑话。

两个孩子在一起吃饭，问父亲用什么下饭。父亲说："古人望梅止渴，我们可以用挂在墙壁上的咸鱼下饭，看一眼吃一口，这就是下饭了。"

我们看到这里，自然发现他们家可能比较穷，或者非常节俭。两个儿子就依照这个法子开始吃饭。突然，小的那个孩子叫起来："父亲，阿哥多看了一眼。"

面对这个小孩子的"检举揭发"，你猜父亲怎么回答？这个父亲说："咸死他。"

类似的笑话，阿老师小时候听过不少。比如，一个人家里很穷，没肉吃，又要假装阔气，他就在家里藏一块猪皮，吃完晚饭，出门前，就用猪皮在嘴巴上擦一擦，显得嘴巴油油的，好像晚上家里吃肉了一样，而其实他们家每天吃的都是萝卜白菜。

看着咸鱼下饭这样的经验，当下的小朋友大概是没有经历过的。出门前嘴巴上抹点猪油的笑话，小朋友们也不一定会明白这个笑点在哪里。因为他们没有经历过物质如此匮乏的生活。其实，我们中国人过上物质相对丰裕的生活也没有多少年，大概也就四十来年的时间吧。

我喜欢王小波，他是一个非常优秀的当代小说家。他在一篇文章里也讲到过类似的故事，说他小时候家里吃不上肉，有一次，家里每人碗里有了一小片腊肉，他的弟弟就特别高兴，跑到阳台上大喊："我们家吃大鱼大肉了！"话音未落，他的弟弟就被爸爸拉回来，结结实实地打了一顿屁股。

阿老师小时候，也听过很多关于穷苦人家的故事。比如阿老师老家的一个地方，以前人们很穷，经常没菜吃。有个老人家喜欢喝酒，没有下酒菜，他就去河边捡一块鹅卵石，洗干净，回家用盐水煮，煮到盐的味道都被石头吸收了，这块鹅卵石就变成咸的鹅卵石了。等到鹅卵石干了，他就带在身上，藏在口袋里，喝酒的时候拿出来，喝一口酒，吮一吮鹅卵石，增加一点咸鲜的滋味——这是阿老师听过的最匪夷所思的下酒菜。

阿老师成长中虽然没有饿肚子的经验，但那时物资还是比较匮乏；虽然粮食够吃，但没有现在这么琳琅满目的各种零食。我们读古代的笑话，会发现这些故事都有一定的时代背景，离开了那个时代背景，它们可能就不那么逗人发笑了。因为阿老师有过物资匮乏的经历，所以我读《笑林广记》中这个"下饭"的笑话，还是觉得很好笑。

《笑林广记》这类书，最早在宋代就有刻本流传了。但我们现在看到的版本，大概成熟于清朝的时候。作者托名"游戏主人"，但这本书其实未必是一时一地之作，也未必是一个人的作品，而是历代劳动人民智慧的结晶。就像流传的很多民间故事一样，其实我们都已经找不到确切的作者了。

阿老师小时候，儿童读物也没有现在这么丰富，找到一本《笑林广记》，已经足够让我笑好几年了。这次我们讲古文，我就想：无论如何要把《笑林广记》拿来说一说，看看我们当下的小朋友，还能不能捕捉到这些笑点。

我们再来看一个"偶遇知音"的故事，看看大家能不能够捕捉到这个笑点。

> 某生素善琴，尝谓世无知音，抑抑不乐。一日无事，抚琴消遣，忽闻隔邻，有叹息声，大喜，以为知音在是，款扉叩之，邻媪曰："无他，亡儿存日，以弹絮为业，今客鼓此，酷类其音，闻之，不觉悲从中耳。"

有一个人特别擅长弹琴，他曾经感慨说，世界上没有知音能够懂得他的音乐，因此他一直快快不乐。有一天，他自己弹琴消遣，忽然听到隔壁有叹息的声音，于是非常高兴，认为知音就在这里，就去敲门。邻居是个老奶奶，老奶奶说："没有什么，我死去的儿子还在的时候，以弹棉花为生，现在，我听你在隔壁弹琴，声音跟我儿子弹棉花的声音非常像，我就想到我弹棉花的儿子，不由得悲从中来。"

在阿老师看来，这个笑话是很讽刺、很好笑的，但是我又很担心，当代的孩子不知道什么叫弹棉花。

从前，我们睡觉盖的被子都是棉被。现在我们有各种各样的被子，比如丝绵被、羽绒被，保暖效果都很好。但是在古代的时候，棉被已经算得上很高级的了。

棉花从棉枝上采下来时还是带有棉籽的，要经过很多道工序，才会变成棉絮。把棉絮弹到松软，以方便装进被褥，俗称弹棉花。弹棉花需要用到一个很大的木弓，还有锤子、铲子、磨盘等工具。木弓大概有一米多长，用牛筋作为弓弦。弹棉花的时候，他们就把弓弦放在棉花上，用一个锤子不停地敲击这个弓弦，让棉花渐渐松软。锤子击打弓弦时，就会发出铮铮的声音，还真的有点像音乐一样。

上面这个故事里，那个演奏水平很差劲的人，常常感叹自己在世上没有知音，很自负。听到隔壁有人在叹息，他以为遇到知音了。然而隔壁的老奶奶却说，他弹琴的声音让自己想起了以弹棉花为生的儿子。这就是在讽刺他琴艺的糟糕，由此可以看出这则故事的讽刺非常尖锐。

　　这也令我想起当代的一个笑话。妈妈对儿子说："儿子，快去练琴吧，你练一次琴，我给你 10 块钱。"儿子说："好嘞，妈妈。不过呢，邻居叔叔跟我说，要是我不弹琴，他就给我 20 块。"

　　你看，古今的笑话，真有很多异曲同工之妙。

第三十一讲
张之洞来信

廿九日，阴。得张孝达书。笔迹不似早年，盖幕客所为。不然，则红顶必学颜书也，亦不似杨锐之作。

（王闿运《湘绮楼日记》选段）

说起王闿运，可能熟悉这个名字的读者并不多。但如果提到另外一个人，我们肯定听说过。这个人，就是齐白石，而王闿运就是齐白石的老师。

其实齐白石并不是王闿运特别看重的学生。齐白石37岁拜王闿运为师，之前是个木匠。现在齐白石是名满天下的大画家，而王闿运已经隐入历史的尘烟之中。但在当时，拜入王闿运的师门，是齐白石一生的转折点，因为，是王闿运把齐白石带入了文人的圈子，从此齐白石声名鹊起。

王闿运喜欢结交各种行业的人士。有一个词叫"王门三匠"，指的是王闿运门下有三个弟子出生于工匠，而非传统的读书人。齐白石是木匠，是其中之一。另外两个一个是铜匠，叫曾昭吉；还有一个是铁匠，叫张正旸。那么王闿运是谁？为什么他这么厉害呢？我们来讲讲这个人的故事。

王闿运（1833—1916），湖南湘潭人，晚清的经学家、文学家，字壬秋，号湘绮，世称"湘绮先生"。他的日记就叫"湘绮楼日记"。

王闿运少有文名，1857年考中了举人，1859年到北京考进士，没考中。于是他便到当时的大官肃顺家里，当了家庭教师，从此被肃顺看中。这个肃顺，当时是顾命大臣，王闿运受肃顺的器重，但不久就辞去教职离开了。过了没多少时间，肃顺因为权力斗争被慈禧太后杀了，而王闿运因为曾经跟肃顺过从甚密，这个经历就成为他的污点，成为他一生在政治上郁郁不得志的原因。

王闿运也曾做过曾国藩的幕僚，但也没有多久。他的主要生涯就是在一些书院里教书，比如成都的尊经书院、长沙的思贤讲舍、衡州的船山书院等。在中华民国建立之后，他受到袁世凯的邀请，去北京担任了国史馆馆长。所以王闿运这一生，就只是做了一个名士。名士是什么意思？如果一个人很有学问，很有才华，诗歌写得好，书法写得好，但他不做官，就叫名士。这些名士，一般都自命不凡。

张孝达写给王闿运的信，王闿运在日记里记了一笔，但好像不是十分重视。这位张孝达是谁？他就是张之洞，他跟王闿运常有书信往来。王闿运在这一则日记里，评价了他的书法。全文大意如下：

"二十九日，阴天。我收到了张之洞的来信。笔迹不像他早年的，大概是他的幕客所写，不然这位总督大人后来一定学习过颜真卿书法。这也不像是杨锐写的。"

阿老师解释一下什么叫"红顶"。清朝的官员，帽子上有一颗宝珠，叫顶戴。这个顶戴的颜色、材质都是有规定的，二品大员用红珊瑚，一品大员用红宝石。当时张之洞是湖广总督，总督是正二品，所以王闿运在日记里用"红顶"指代张之洞。但我们看日记里的语气，王闿运对张之洞也不是特别尊重。或者，王闿运有些自恃身份，就用"红顶"这样的词语来指代张之洞。这就是名士眼高于顶的做派。

钱锺书的父亲叫钱基博，他曾经评价这个王闿运"名满天下，谤满天下"（《近百年湖南学风》）。作为名士，王闿运留下了很多趣事。他一生从事教育，座下弟子无数，弟子中也有特别有名的，这位老师也因为学生而名声大振，我们前面说的齐白石就是如此，这是不争的事实。

但其实，王闿运最为看重的学生，可能是杨度。王闿运在《湘绮楼日记》里常称杨度为"杨贤子"。杨度在王闿运门下学了三年，醉心于帝王之术，这对他以后在政治上的选择产生了深远的影响。

杨度是袁世凯复辟最重要的吹鼓手。其实杨度主张的是君主立宪，他跟孙中山认识，孙中山主张革命，杨度主张君主立宪。杨度跟孙中山说："吾主君主立宪，吾事成，愿先生助我；先生号召民族革命，先生成，度当尽弃其主张，以助先生。努力国事，斯在今日，勿相妨也。"

这段话就是说：咱们各干各的，各自努力。1915年的时候，杨度呈给袁世凯一个奏章，叫《君宪救国论》。他在奏章中说："中国如不废共和，立君主，则强国无望，富国无望，立宪无望，终归于亡国而已，故以专制之权，行立宪之业，乃圣君英辟建立大功大业之极好机会。"他这段话深得袁世凯的赞许，袁世凯称之为"至理名言"。

这一年，杨度、孙毓筠、刘师培、李燮和、严复等人共同组织了筹安会。筹安会是一个政治团体，主张君主立宪，为袁世凯称帝做准备，而杨度就是这个筹安会的理事长。但是我们知道，袁世凯复辟的闹剧只持续了83天就结束了。那么杨度为什么会支持袁世凯呢？这跟杨度的老师王闿运对他的影响是分不开的。

杨度和王闿运是老乡。1895年，他21岁就拜入了王闿运的门下，王闿运爱惜这个天资极佳而胸怀壮志的弟子，想要把平生所学倾囊相授，因此有了一段冬夜里的师生对话。王闿运问杨度："我这里有三种学问，第一种叫功名之学，第二种叫诗文之学，第三种叫帝王之学。你想学哪一种？"

功名之学，顾名思义就是为了功名利禄而求学，功名是最终目的，学问不过是敲门的砖石。所以，学这门学问，目的是求得功名利禄，只要遵循权力场的潜规则就好了。

诗文之学，就是为探求古今为学之人之真谛而学。这是一种真正的纯粹的学问。

关于帝王之学，王闿运说得神乎其神："以经学为基础，以史学为主干，以先秦诸子为枝，以汉魏诗文为叶，通孔孟之道，达孙吴之机，上知天文，下晓地理，集古往今来一切真才实学于一身，然后登名山大川，以恢宏气概，访民间疾苦以充实胸臆，结天下豪杰以为援助，联王公贵族以同声息。"（单正平《杨度悲剧的余味》）总而言之，学习帝王之学既可以辅佐天子，做一代贤相，建千秋伟业，也可以成为布衣卿相，干一番非常重大的事业，由书生而封侯，名震寰宇，名垂青史。这就是帝王之学。

这一番振聋发聩的话，是王闿运一生的心魂之所系。但是我们说过他是肃顺的余党，他苦于无法亲身践行并且所托非人，年过古稀时，好不容易找到一个跟自己志趣相投的弟子，自然不肯放过教诲的契机。于是，杨度就对这个帝王之学醉心不已，"虽千万人吾往矣"（《孟子》），只要能成就一番流芳千古的伟业，即便不得善终，也毫无怨悔。就在这样一次冬夜长谈后，师生两人的精神契约就订立了。

在船山书院跟随王闿运的数载修行，使得帝王之学永远沉积在杨度的生命深处。它是闪耀的光芒，更是腐灭的阴影，是促使他后半生病入膏肓的内在痼疾。当然那些负面的效应要等到杨度做上宪政梦之后，才会显出它的端倪。所以，虽然我们根本就没有听说过王闿运这个名字，但他对中国近代史的影响却是非常深远的。

不光是杨度，还有这篇日记里提到的杨锐，以及没有提到的刘光第，也都是王闿运的弟子。杨锐和刘光第曾参与戊戌变法，最后被杀害在菜市口。在"戊戌六君子"里，直接出于王闿运门下的就有两个人。而湖湘一带文人辈出，乃至影响整个中国近代史，这个王闿运真是影响深远。

第三十二讲
少年中国说

故今日之责任，不在他人，而全在我少年。少年智则国智，少年富则国富，少年强则国强，少年独立则国独立，少年自由则国自由，少年进步则国进步，少年胜于欧洲则国胜于欧洲，少年雄于地球则国雄于地球。

红日初升，其道大光。河出伏流，一泻汪洋。潜龙腾渊，鳞爪飞扬。乳虎啸谷，百兽震惶。鹰隼试翼，风尘吸张。奇花初胎，矞矞皇皇。干将发硎，有作其芒。天戴其苍，地履其黄。纵有千古，横有八荒。前途似海，来日方长。

美哉，我少年中国，与天不老！壮哉，我中国少年，与国无疆！

（梁启超《少年中国说》选段）

《少年中国说》是梁启超的代表作之一，热情洋溢，气势磅礴，包含着对青少年朋友的殷切希望，也包含着对祖国人民的大声呼唤。

这篇文章写于戊戌变法失败之后，那是 1900 年，梁启超在流亡的路途中。此文首发于梁启超在日本创办的《清议报》上，虽然至今已经 120 多年了，但仍如洪钟大吕，震撼人心。如今重读，穿越百年历史的风尘，我们似乎还看到一位呐喊的猛士，在催促少年们奋发有为。

梁启超其人，特别值得一讲。他和我们以前讲过的所有文学家有所不同，他具有现代所说的偶像气质。

梁启超是对我们后代人的思想观念，对我们当下的汉语写作、汉语语言风格等产生持续影响的人物之一。也就是说，现在很多人写文章用的文体、语言风格，仍受梁启超的影响，无非是写作者自己习焉不察而已。梁启超的这种文体，当时叫"新民体"，不同于文言文，也不同于口语，对我们现在仍在使用的白话文，产生了巨大的影响。

梁启超是最早开始使用公共媒体，展开书生论政的人。他的文章面向的是多数的民众，而不仅仅指向知识精英。那些文化水平不高的民众，同样是梁启超的读者。梁启超在写作中，力图让大家都读得懂，所以用词半文半白，这是非常难得的一种尝试。

当然，这个文白夹杂的"新民体"，后来还是被胡适等人推崇的现代白话文所取代了，但其影响深远，这是不可否认的。

梁启超身上有很多种标签，几乎是一个"全能型的选手"。他先是少年成名，在北京参加进士考试期间参与"公车上书"，几年之后又参与"百日维新"，然后又流亡日本。

他是政治活动家，是报人，也是近代启蒙运动的重要推动者，还是一位大学者。而且他还是一位特别懂得教育的人，他家的孩子每一个都很有出息，影响近代中国100多年。比如，其中最著名的、最具有知名度的，就是长子梁思成。梁思成是建筑学家，但他更为知名的，大概还是和林徽因的婚姻，那也是一段佳话。梁启超其余的八个子女也个个成才，均为当时之翘楚。

下面我们来讲几件事吧，以点带面，足见梁启超的生平。

梁启超，生于 1873 年，卒于 1929 年，享年 56 岁。和我们现在的平均寿命相比，梁启超活得并不长。梁启超之死，据说是当时他发现有一个肾脏不好，导致小便带血。在 20 世纪 20 年代，现代医学还没有普及，中国人普遍不愿意动手术，但是梁启超却愿意住进协和医院接受手术，切除那个不好的肾脏。要命的是，医生疏忽之下，不小心把那个好的肾脏给割掉了，坏的那个却还在，于是梁启超的病没有治好，最终去世了。

值得一说的是，因为梁启超是明星一般的人物，所以他的手术自然牵动了各界知名人士的心。据说，当时手术情况不好，舆论一片谴责，连徐志摩都出来写文章，批评那家医院。然而在一片批评声中，当时还在病床上的梁启超，却带病撰文，希望人们不要为了个别病例的误诊，而全面否定西医的科学性。这是为了维护西医的声誉，也是为了维护科学的声誉。梁启超的拳拳之心，正是我们后人所感念的。

关于梁启超的政治生涯，我们可以讲两件事。

第一件事就是公车上书。梁启超是公车上书的主要召集人之一。在甲午中日战争中，清帝国败给了多年来一直以中华为师的日本，朝野为之震惊。1895 年，梁启超和他的老师康有为一起，集结了数千名举人，联名上书光绪帝，反对和日本签订丧权辱国的《马关条约》，这是梁启超第一次在政治事件上崭露头角。

虽然上书没有成功，《马关条约》还是签订了，但这一事件促进了维新思想的传播。此后各地纷纷组织新学会，发行报纸。所以公车上书也被认为是中国群众政治运动的开端。在康有为、梁启超等维新人士的宣传影响之下，全国议论时政的风气渐渐形成。到了1897年年底，各地已经建立以变法自强为宗旨的学会33个，新式学堂17所，出版报刊19种。到了1898年，各种学会、学堂和报馆就达到了300多个。维新思想广为传播。

第二件事就是戊戌变法。一般而言，戊戌变法被看作公车上书的自然延续。1897年冬，德国出兵占领胶州湾，民族危机非常严重。在这个形势之下，变法改革的呼声迅速高涨。康有为上书光绪帝，指出形势迫在眉睫，如果再不变法，那么国亡命危，到时皇帝想做老百姓都做不成了。后来，光绪帝就接见了康有为，表示不做亡国之君，让康有为全面筹划变法。

从1898年6月11日，光绪帝颁布"明定国是"诏书之日，戊戌变法拉开帷幕。但变法遭到了以慈禧太后为代表的保守势力的阻挠。1898 年 9 月 21 日凌晨，慈禧太后突然从她居住的颐和园赶回紫禁城，直入光绪皇帝寝宫，将光绪皇帝囚禁于中南海瀛台，发布训政诏书，再次临朝训政。戊戌变法失败，前后不过一百天，历史上称之为"百日维新"。

到了 1898 年 9 月 28 日，谭嗣同、杨锐、刘光第、林旭、杨深秀、康广仁 6 人在北京菜市口被杀害，这就是"戊戌六君子"。其中的杨锐和刘光第，我们在讲王闿运的时候提到过，他们俩都是王闿运的弟子。

谭嗣同和梁启超交情非常深厚。后来，梁启超写了一篇《谭嗣同传》，申明了一个人去牺牲而另一个人苟活的理由。谭嗣同认为，要用自己的死来唤醒国人；梁启超活下去，则是为了去启蒙大众，保存火种。

谭嗣同也是很了不起的，是当时"湖湘三公子"之一，非常有声望。阿老师再顺便说一下他题写在监狱墙壁上的绝命诗。谭嗣同知道自己必然会被处死，于是临死前在监狱的墙壁上写了一首绝句，即《狱中题壁》：

望门投止思张俭，忍死须臾待杜根。

我自横刀向天笑，去留肝胆两昆仑。

末两句"我自横刀向天笑，去留肝胆两昆仑"，真是豪气干云，一派英雄气概，令人敬仰。

当然，选择活下去的梁启超，没有活成一个笑话，也没有辱没了他的后半辈子。因为，他夜以继日，焚膏继晷，用一支健笔启蒙大众，去完成"戊戌六君子"没能完成的启蒙事业。作为"苟活者"，他有自己的责任。

变法失败后，梁启超走避日本大使馆，获得庇护，最后流亡日本，直到 1912 年中华民国成立才回国，结束长达 14 年的流亡生涯。梁启超的学术成就很高，学术著述颇丰，著有《清代学术概论》《墨子学案》《中国历史研究法》《中国近三百年学术史》《屈原研究》《先秦政治思想史》《变法通议》《李鸿章传》《王安石传》等。

你想，这个才活了 56 岁的人，中间还有 14 年的流亡生涯，他却有大量的时间精力去办报，去从政，居然还能写这么多书，这个人该有多么勤奋。我想，这其中也有他一直记挂着谭嗣同这个原因吧。

　　这篇《少年中国说》，其实正是"新民体"的代表作，是梁启超广为流传的作品之一。这篇文章当时发在《清议报》上，那时正值八国联军侵华之际，文章极力歌颂少年的朝气蓬勃，热切地希望出现一个少年中国，来振奋人民的精神。

　　这篇文章，我们借用评价《三国演义》的话来讲，就是"文不甚深，言不甚俗"，特别适合大众阅读。中央电视台有个节目叫"少年中国说"，用的就是梁启超此文的标题。这一讲节选的部分，可谓是《少年中国说》里最重要的段落，阿老师来解释一下：

　　"所以我们说，今天的责任不在别人身上，全在我们少年的身上。少年聪明，我们的国家就聪明；少年富裕，我们的国家就富裕；少年强大，我们的国家就强大；少年独立，我们的国家就独立；少年自由，我们的国家就自由；少年进步，我们的国家就进步；少年胜过欧洲，我们的国家就胜过欧洲；少年称雄于世界，我们的国家就称雄于世界。"

　　"红日刚刚升起，道路充满霞光。黄河从地底下冒出来，汹涌奔腾，浩浩荡荡。潜龙从深渊中腾跃而起，它的鳞爪舞动飞扬。小老虎在山谷吼叫，所有的野兽都害怕惊慌。鹰隼展翅试飞，掀起狂风，飞沙走石。奇异的花草刚刚开始孕育蓓蕾，灿烂明丽，茂盛茁壮。干将这把宝剑刚刚在磨刀石上磨过，闪耀着光芒。头顶着苍天，脚踏着大地。从纵的时间来看，有悠久的历史。从横的空间来看，有辽阔的疆域。少年的前途像海一般宽广，未来的日子无限长远。"

"美丽啊，我的少年中国，将与天地共存不老。雄壮啊，我的中国少年，他们的精神与胸襟将和祖国大地一样博大辽阔。"

梁启超这篇文章的文风就像面对着大众演讲一般，激情饱满，采用排比、比喻、夸张的手法，对少年的期待和讴歌，正是对未来的灿烂中国的展望。我们读到这篇文章，也能直接感受到，有一种激情从心中熊熊而起，感到血脉偾张，想要成就一番事业，这就是梁启超《少年中国说》的用意所在。

120多年之后，《少年中国说》仍没有过时，我们重读这篇文章，一则为梁启超的激情澎湃而动容，二则对我们今天的少年而满怀信心，从内心深处升腾起一种壮怀激烈的情感。这大概就是对梁启超先生的一种呼应吧。

　　读完这个选段，你若是想更多地去了解梁启超，我给大家推荐一本许知远的《青年变革者：梁启超1873—1898》，这本书较适合青少年朋友阅读，是近年来颇为不错的梁启超传记。

第三十三讲
宋渔父哀辞

炳麟不佞，七年与君子同游。钧石之重，夙所推毂，如何苍天，前我名世，殂殁之夕，犹口念鄙生，非诚心相应，胡而相感于万里哉。即日去官奔丧，躬与执绋，拜持羽扇，君所好也。若犹有知，当见颜色。

（章太炎《宋渔父哀辞》）

宋渔父，就是宋教仁。这篇选文是章太炎（又名章炳麟）为宋教仁写的一篇悼词。

中国的近代，确切地说，是从晚清到民国，在中国的历史上也是一个风云际会、沧海横流的时代。这个时代人才辈出，如星河灿烂，是中国文化的又一座高峰。我们随便就能列举出一个又一个的大学者、大文豪以及大革命家，他们为中华民族的前途奔走呼告，建言献策，身体力行，鞠躬尽瘁，甚至不惜牺牲自己的生命。

像章太炎，他一生为了革命，多次入狱。而宋教仁，则为了中国的宪政四处奔走，最终被人暗杀。这篇悼文的作者章太炎和被悼念者宋教仁，都是一时之才俊。

章太炎是革命家、大学者，也是著名的思想家，同时他还是一个特别有趣的人，才华横溢而又目空一切。他少有才名，青年时代就师从清代著名的朴学大师俞樾，专心治学近十年，为他日后成为大学者奠定了基础。

章太炎成为世界瞩目的名人，是从1903年的"《苏报》案"开始的。当时有个年轻人名叫邹容，不到20岁就写出了《革命军》一文，一时名动中国。章太炎看到后十分赞赏，两个人结为忘年之交。之后，章太炎在《苏报》上连续发表《读〈革命军〉》《序〈革命军〉》《驳康有为论革命书》等文章，大骂皇帝和清政府，呼吁革命。

章太炎在《驳康有为论革命书》中直呼当时皇帝的名字，说"载湉小丑，未辨菽麦，铤而走险，固不为满洲全部计"。这个"载湉"就是光绪帝的名字。我们知道，在君主专制的时代，直呼皇帝的名字，被看作大逆不道，是要被处死的。为此，清政府照会上海租界当局，以"劝动天下造反""大逆不道"等罪名，将章太炎等逮捕。

1903 年，租界的巡捕冲进《苏报》报馆时，章太炎坐在太师椅上，居然不走不避，指着自己的鼻子说："鄙人就是章炳麟。"

因为案件发生在租界，所以必须按照租界的法律，章太炎就请了律师为自己辩护，况且章太炎自己也十分雄辩，而清政府迫于国际压力，也不能因为言论而处死章太炎，于是，判他入狱三年了事。另一位当事人邹容，其实当时不在报馆，他完全可以逃走，但他不愿独善其身，激于义愤去自首，愿意跟章太炎一起坐牢。但邹容在监狱内饱受折磨，年纪轻轻就去世了。

章太炎三年牢狱刑满，从此流亡日本，在东京讲学。他的座下弟子甚众，每一个都是响当当的大人物。比如钱玄同、许寿裳、朱希祖、黄侃、刘文典、汪东、沈兼士、马裕藻、龚宝铨……哪一个不是名动一时？我们最熟悉的应该是周树人和周作人，他们兄弟俩也都是章太炎的得意门生、亲传弟子。

章太炎一生特立独行，有很多很多的外号。比如说，人家都称他为"近代民族主义之伟人""国学界之泰斗""民国伟人""鼓吹革命之大文豪""革命家之巨子""新中国之卢梭""学术宗师""名士"；还有部分的否定者，认为他是"异端""学阀""反动分子""章疯子"等。这么多名号当中，伴随他一生的，还是"章疯子"这个外号。

鲁迅曾在《补白》一文中回忆自己的老师章太炎：

> 其人既是疯子，议论当然是疯话，没有价值的了，但每有言论，也仍在他们的报章上登出来，不过题目特别，道："章疯子大发其疯"。有一回，他可是骂到他们的反对党头上去了。那怎么办呢？第二天报纸上登出来的时候，那题目是："章疯子居然不疯"。

章太炎好吸烟，自己吸的香烟一般都是廉价的"金鼠牌"，招待客人则用"大英牌"。他还喜欢抽水烟，每抽一桶水烟，地上必然留下一个烟蒂，因此家中地板上就有许多个被烟蒂烧出的小黑点。

章太炎讲课时，常常一只手拿粉笔，一只手拿烟卷——那时候，老师在课堂上还可以抽烟——写板书时，一激动，就拿着烟卷在黑板上写字；抽烟的时候，一激动，又误把粉笔当作香烟，放到嘴里去吸，经常引得学生们哄堂大笑。

章太炎有四个女儿，每个女儿的名字都是一个生僻字。很多年以前，阿老师和朋友一起去余杭章太炎故居参观，看到展板上写着章太炎四个女儿的名字，没有一个字认识，回来查字典，才知道这些字念什么。

那他的四个女儿分别叫什么呢？

长女的名字，其实是四个叉组成的，四个叉组成的这个字，写作"叕"。所以长女叫章叕。

次女的名字，是四个"又"字组成的，四个"又"叠放在一起，写作"叒"，其实这是"缀"的古字。所以次女叫章叒。

第三个女儿，名字是四个"工"字组成的，写作"㠯"，这个字是"展"的古字。所以第三个女儿叫章㠯。

第四个女儿，名字由四个"口"字组成，写作"畾"，这是"雷"字的古字。所以第四个女儿叫章畾。

因为四个女儿的名字都没有人认识，所以媒人都不敢上门提亲，直到有一天，章太炎解释了一下这四个字分别念什么，大家知道了读法，提亲的人这才上门。

再说宋教仁。

　　宋教仁 1882 年出生于湖南常德，1903 年认识了黄兴。第二年，他和黄兴、刘揆一、陈天华、章士钊等一起决定成立华兴会，以"驱除鞑虏，恢复中华"为宗旨，黄兴为会长，宋教仁为副会长。之后，他们想要起义反清的消息泄露，宋教仁被迫流亡日本。

　　1912 年，中华民国在南京成立，宋教仁被任命为法制院院长，起草了宪法草案《中华民国临时政府组织法》。这一年的 8 月 25 日，国民党成立，宋教仁当选为理事，而孙中山是理事长。1913 年，中华民国第一届国会选举结束，在宋教仁的主持之下，国民党取得了重大胜利。宋教仁想要按照欧洲的内阁制，以党首的身份组阁。然后就在这一年 3 月 20 日，宋教仁在上海火车站——就是上海的老北站，现在的上海铁路博物馆——被暗杀。

　　至于暗杀宋教仁的幕后黑手，大众都认为是袁世凯，认为是他指使凶手作案的。

　　章太炎跟宋教仁一直很有交情。章太炎曾说，"若举总统，以功则黄兴，以才则宋教仁"（《胡汉民自传》），"至于建置内阁，仆则首推宋君教仁，堪为宰辅"（《宣言九则》），夸赞宋教仁是一个宰相之才。可就在这个时候，宋教仁被刺身亡。这个事情，令章太炎悲愤至极，从而写下了《宋渔父哀辞》这篇至情至性的文章。这篇文章至今读来还是令人动容，我们来翻译一下：

"炳麟不才，跟先生一起同游七年。那些繁重的工作，一向都是你为我分担的，为什么苍天如此不公，让年轻的你先我而去？你去世的时候嘴里还念叨着我的名字，如果不是两心相知，又怎么会想着千万里之外的我呢？我立刻抛下所有的政府事务，前来为你送葬。我随身携带的这点东西，是你说过的很喜欢的东西。你如果泉下有知，就来梦中跟我相见吧。"

"不佞"，一般是谦称，用来称呼自己；这里用谦称，也表达了章太炎对宋教仁的推崇。

随着宋教仁被暗杀，近代中国的宪政之路戛然而止。而我们后人读到当时这些才俊的雄文，也可以想见当年那种波澜壮阔的情境，虽不能至，心向往之。

在学习这些名篇的过程当中，我们不仅领略了文学，也回顾了历史，更了解了当时人们的所思所想。这也说明一个问题：文言文尽管是过去的书面语言，但它也承载着现代性，在历史的深处，熠熠闪光，并照亮我们今后的路程。